日本の説教者たちの言葉

加藤常昭［編］

わが神、わが神

受難と復活の説教

日本キリスト教団出版局

「日本の説教者たちの言葉」刊行に寄せて

コリントの信徒への手紙一第一五章二節に、使徒パウロはこんな言葉を書きました。「どんな言葉でわたしが福音を告げ知らせたか、しっかり覚えていれば、あなたがたはこの福音によって救われます。さもないと、あなたがたが信じたこと自体が、無駄になってしまうでしょう」。

とても強い確信の言葉です。説教者に与えられる確信です。説教には、自分が語る言葉を受け入れてくれさえすれば、救いが起こるのだという確信が与えられるのです。これと同じ確信があったからこそ、海外諸国の教会から宣教師たちが私どもの国にやってきてくれました。苦闘しつつ、この救いの言葉、福音の言葉を英語で、習い覚えた、慣れない日本語で告げてくれ、伝道をしてくれました。一五〇〇年以上も前のことです。その福音の言葉によって救われた私どもの先達は、すぐに自分たちの言葉で説教を語り始めました。日本のプロテスタント教会は、その歴史の最初から日本人説教者たちが磨かれた母国語で力ある説教をしたことに、その特色があります。感謝すべきことです。

パウロは、続けて自分たちが語るべく与えられた福音とは何であるかを見事に集約して語り出しました。

「最も大切なこととしてわたしがあなたがたに伝えたのは、わたしも受けたものです。すなわち、キリストが、聖書に書いてあるとおりわたしたちの罪のために死んだこと、葬られたこと、また、聖書に書いてあるとおり三日目に復活したこと、ケファに現れ、その後十二人に現れたことです。次いで、五百人以上もの兄弟たちに同時に現れました。そのうちの何人かは既に眠りについたにしろ、大部分は今なお生き残っています。次いで、ヤコブに現れ、その後すべての使徒に現れ、そして最後に、月足らずで生まれたようなわたしにも現れました。わたしは、神の教会を迫害したのですから、使徒たちの中でもいちばん小さな者であり、使徒と呼ばれる値打ちのない者です。神の恵みによって今日のわたしがあるのです」。

ここに説教の原型のひとつがあります。パウロは、自分が福音として説教するのは、自分自身の信仰、思想、あるいは何らかの教えの言葉だったとは語っておりません。自分も自分に伝えられた言葉を語ります。しかし、それは教会の伝統となりつつあった教えではありません。いわゆる教理でもありません。出来事です。キリストの出来事です。それは聖書に既に預言されていたことです。預言されていた神のご意思による救いの出来事です。キリストの死、葬り、そして復活の出来事です。こうした救いの出来事に対する信仰の言葉は、やがて、例えば使徒信条のような言葉に凝縮されました。ただしかし、改めて使徒信条の言葉とパウロの言葉とを比べて見ますと、パウロは、キリストの死と葬りと甦りの出来事と直接結びついて、そのキリストが今ここでケファ、つまりペトロをはじめ弟子たちに、兄弟たちに、そして最後には、自分にさえ「現れ」てくださったと告げました。説教者自身がキリストに会っていただいたのだと言います。だから、こうして説教しているのだと語ります。受け継いだ言葉に、自分の救いを語り加えるのです。私自身に起こった救いの出来事だとして語るのです。その意味で説教は、いつでも証しなのです。

やがて、教会は、主イエスが地上に誕生してくださった出来事をも記念し、心を込めて祝うようになりました。いわゆるクリスマスです。主イエスの誕生も説教者が語る重要な主題となりました。一年の間に、主イエスの誕生、十字架の死、そして復活を語ること、これは教派を問わず、ひとを問わず、説教者が心を込めて、存在を賭けて語り続ける言葉となりました。

日本のプロテスタント教会が福音の言葉を語り始めて以来、いったい、どれほど多くの説教者が、自分に与えられた、この福音を語り続けたことでしょう。この救いの出来事が私にも起こったと語ったのです。近代日本が誕生してから今にいたるまで、折りを得ても得なくても救いの言葉を語り続けてきました。数えきれない数の日本人の魂を救ってきました。そのキリスト者としての日々の歩みに寄り添ってきました。

ここに提供するのは、その福音の言葉、救いの言葉を一握り掬い取ったものです。

今、この国で救いを求める人びとに、あなたはこれで救われる、と語りかけたいからです。救いにあずかって生きている方たちに、あなたを生かしている福音の言葉を聞き直してほしいからです。いのちの主に会っていただきたいのです。

二〇一八年一月

加藤常昭

日本の説教者たちの言葉

わが神、わが神　受難と復活の説教　＊目次

装丁　桂川　潤
装画　渡辺禎雄「十字架の上のキリスト」

・各説教の引用元は、説教の末尾に記した。引用元が新漢字、現代仮名遣いに書き改めているものはそれを引き継いでいる。（ママ）という表記も、引用元の通りである。

・各説教の解説は加藤常昭が執筆した。

日本の説教者たちの言葉

わが神、わが神

受難と復活の説教

歴史の苦悩の中で

左近　淑

イザヤ書　第五二章一三節―第五三章一二節

最近映画にもなった遠藤周作の『沈黙』という小説は、私どもにいろいろな問題を考えさせてくれます。その一つは神の沈黙という問題です。主人公ロドリゴがこう言う所があります。――信徒たちが拷問にあい、汚物のつまった穴にさかさ吊りにされ、目、口、耳から血を流してうめくのを聞きながら、かつての師で同じ拷問に遇った信徒を助けるために棄教したフェレイラから問いつめられた時に言う言葉ですが――

……主よ、あなたは今こそ沈黙を破るべきだ。もう黙っていてはいけぬ。あなたが正であり、善きものであり、愛の存在であることを証明し、あなたが厳としていることを、この地上と人間たちに明示するためにも何かを言わねばいけない。

ここに出されている問題の一つは神が人間の苦しみ、それも極度の苦しみに対してすら黙っておられること、こうした神の沈黙は神の不在に通じるということであります。神がいますなら、神は沈黙を破ってよいはずであり、苦しみを解いてよいはずであります。

六〇年代後半、アメリカで「神の死」という問題が論ぜられました。ベトナムでなぜ仲間や子供が血を流さねばならないのか。これひとつをとっても、神がいますならわからないことだらけだからであります。〈神の沈黙〉という言葉は、今日の世界と歴史の底によどむ問題を表わしています。それは今日の全世界の問題といってもよいのであります。

聖書は、教会は、この問題にどう答えるのでしょうか。教会の歴史と聖書の歴史は、この問題をす通りして、何とか命脈を保ってきたのでしょうか。

実は今朝の聖書は、この問題と深く関わりがあるのであります。ここは〈苦難のしもべ〉のうたといわれる有名な場所であります。ここにも神の沈黙があります。

彼はしえたげられ、苦しめられたけれども、
口を開かなかった。
……
毛を切る者の前に黙っている羊のように、
口を開かなかった。
（五三・七）

しかしここには沈黙を通して神が働いておられます。六節＝主は……彼の上におかれた。一〇節＝主は彼を悩まされた。ここでは沈黙は神の不在に通じるのでなく、実在を朗々と示すのであります。

一

さて苦難のしもべの姿を学ぶ前に、このうたがしるされた時代を見てみましょう。イザヤ書四〇―五五章は第二イザヤといわれる預言者の作であり、イスラエルの捕囚時代、紀元前六世紀の作だといわれます。捕囚期とは、日本でいえば、敗戦後の占領時代にあたります。多くの人がソビエトに抑留され尋ね人の時間【編者注・敗戦後、多くの日本人がソ連に抑留され、その氏名が判明すると、NHKがその氏名を「尋ね人の時間」に読み上げたのである】にしがみついていました。グアム島から二八年ぶりに帰った横井さんがそうであったように、日本は天皇が現人神で、日本は神国でいつかは……と信じて戦ったのであります。その後に来たのは、そらぞらしさと空白であります。親たちは為政者と指導者をうらみ、子供は先生とか親とかはうそつきだと、あらゆる権威に反抗することを身につけました。

しかし日本人の場合には、国民の約束をホゴにする神は、一体神でありうるか、という烈しい問いは発せられませんでした。小説『沈黙』のフェレイラやロドリゴの問題は、ついに出されなかったのです。

イスラエルの場合はちがいます。国が滅んだ後、やはり空白・荒廃・虚無がやって来ました。民族史上の〈氷点〉がやって来ました。四〇章二七節の言葉は、当時のインテリが口々に言っていた言葉を引用したものです。「わが道は主に隠れている」――わたしに何が起ろうと神は見て下さらない。祈ったとて答えては下さらぬ――「わが訴えはわが神に顧みられない」――神は訴えても一顧だにして下さらぬ。神は「弱り」「疲れ」「力なく」「疲れはてて倒れてしまった」と言ったのです。ですから第二イザヤは声をあげまして、二八節以下の言葉を語ったのであります。

四〇章二節に「ねんごろにエルサレムに語り」とありますが、岩波文庫の訳は「エルサレムの心に語り」と直訳しています。「心に語る」「心にしみいるまで語る」とは、心をかたくなに閉ざしてしまった者を口説き落すということです。イスラエルの民はひざつき合わせて口説かれなければ、神の声を聞こうとしない程〈心をかたくなに閉ざした〉民であったことがよく表われています。

当時の人々はみな一様に〈神の沈黙〉を胸の奥深くにためていたのであります。

二

第二イザヤはこういう〈歴史の苦悩〉の中で、神が今何をなさっておられるか、を語ろうとしたのです。

「主の腕は、だれにあらわれたか」（五三・一）。〈主の腕〉とは神の働き・活動のことです（五二・一〇参照）。第二イザヤの時代多くの人が〈神が何かすること〉を求めたのであります（五一・九―一〇参照）。

神の働き、宗教の威力を、わたしどもは今どこに感じているでしょうか。何十億の金と、世界中の宝石と最大のオルガンをもつ建造物に、今日の宗教の威力を見る人があります。あるいは政治への進出と働きの中に宗教の威力を感じる人があります。それこそ神の沈黙の問題の輝かしい解決だと思うのです。そういうものが教会にないことにあせりを感じる人がありますしかし。

ところが、第二イザヤも、主イエスも、真のキリスト教会もこうした見方をしなかったのであります。「十字架の言葉は宗教の威力を〈主の僕〉、神の子の苦難と死と献身の中にこそ見出したのであります。「十字架の言葉は……神の力である」と語ってきたのであります。

五三章二節「われわれの見るべき姿がなく」。「姿」とは容貌のことです。古代イスラエルの理想的指導者は、ヨセフも、サウルもダビデも、みな一様に〈姿の美しい人〉でありました。しかし今、第二イザヤは容貌見るかげもなく、美しさを奪われた方に、神の働きと威力を見るのであります。これは逆説であります。それは弱さのきわみを示します。しかしそれは「神の弱さは人よりも強い」といった〈弱さ〉であります。

五三章三節。ここで第二イザヤが描いたのは、苦しむ者と同じ場所に身を置いて、同じように〈侮られ〉〈人に捨てられ〉誰にも〈尊ばれない〉孤独の〈しもべ〉の姿であります。

さらに第二イザヤは、神の沈黙といったたぐいの世界の不条理の問題、歴史の苦悩の問題を〈主の僕〉は一生涯を通じて経験し、死においても、死後も味わったというのであります。

七節「口を開かなかった」は①主のしもべを乱暴に扱う人々に対して抗議の口を割らず、復讐の叫び声をあげなかったという意味にとる人と、②主のしもべに全く理にかなわぬ不義をするのをゆるす神に対して〈口を開かなかった〉ととる人とがあります。とにかくここには忍耐があります。このような忍耐は旧約の受苦者の誰も知らなかったものであります。エレミヤもハバククも、ヨブも、詩人も、みな神に向かって大声に叫びました。詩篇一三篇一—二節はその一例であります。

主よ、いつまでなのですか。

……

いつまで、わたしは魂に痛みを負い、ひねもす心に悲しみをいだかなければならないのですか。

苦難が罪の結果であると見られている以上、理由なく苦しみをうけた者が、その不当を叫ぶのは当然であります。しかし、〈主のしもべ〉は行動においても言葉においても全く無罪だった（九節）。しかもなお〈……口を開かなかった〉のであります。

さらに八節「暴虐なさばきによって……」これは「拘留と裁判とから」という意味ですが、①拘留され裁判をうけてと解するもの、②拘留による裁判すなわち不当な裁判によってと解するもの、③拘留され裁判をうけることなしに、と解するものに分かれます。

何はともあれ〈取り去られ〉という動詞は処刑を意味し〈断たれ〉という動詞は強引にひき離され殺されることを意味しますから〈主のしもべ〉の最後はほとんどのものが何が起ったかわからずに、短期間にあっという間にすぎたことを示しています。そして罪のないものが悪人と同じ墓に葬られたというのであります（九節参照）。

こうした運命を味わった方がはじめて、人間と歴史の〈底にある〉不条理の問題を、歴史の苦悩の問題を、不条理のままでとりあげられうるのであります。

第二イザヤは、〈主のしもべ〉のこうした孤独と苦しみと不条理をなめつくした生涯全体を、たった一つの文で美しくまとめています。「……死にいたるまで、自分の魂をそそぎだし」た生涯であったと（一二節）。「そそぎ出す」とは「まる裸にする」という動詞です。〈主のしもべ〉は死に至るまで身ぐるみはいで与えつくしたというのです。この動詞はまた、「かめの水をすっ空かんに空っぽにする」という時にも使います。〈主のしもべ〉は死にいたるまで、自分の命を黙々とすっ空かんに使いはたしたというのであります。これが〈献身〉というわざであります。

主イエスの十字架の救いは、この〈沈黙の献身〉によってなり立っています。はじめに引用したロドリゴの言葉「主よ、あなたは今こそ沈黙を破るべきだ。もう黙っていてはいけぬ。あなたが正であり、善きものであり、愛の存在であることを証明し、あなたが厳としていることを、この地上と人間たちに明示するためにも何かを言わねばいけない」という言葉は、十字架の上で全く理由のない苦しみを苦しむ主イエスにこそ、ふさわしい言葉かもしれません。今日〈神の沈黙〉が世界をおおっているとしても、十字架は最大の〈神の沈黙〉であります。そしてキリスト者は、この最大の〈神の沈黙〉によって救われたのであります。この最大の神の沈黙なしに救われたのではありません。だからこの世界のどんな〈神の沈黙〉の苦痛にも耐え抜けるのであります。主イエスがその〈沈黙〉のただ中にいますからであります。

三

一〇節「しかも彼を砕くことは主のみ旨であり」。〈み旨〉とは、あるところでは〈目的〉と訳され（四四・二八、四六・一〇）、あるところでは〈みこころ〉と訳され（四八・一四）、もともと四二章二一節にあるような〈喜ぶ〉という動詞の名詞形であります。したがって献身とは、神の意志とみこころに従順になることであり、神が喜びとされることに従うことであります。

主イエスがゲッセマネで「どうか、この杯をわたしから取りのけてください。しかし、わたしの思いではなく、みこころのままに……」と祈られたように、神の意志に従順に従うことです。つまり献身とは神の目的に身を委ねることであります。ルカによる福音書は、主イエスが最後にこう言われたとしるしております。

そのとき、イエスは声高く叫んで言われた、「父よ、わたしの霊をみ手にゆだねます」。こう言ってついに息を引きとられた。（二三・四六）

亀井勝一郎氏は小説『沈黙』の感想文の中で非常に大切なことを指摘しております。ロドリゴ神父は踏絵を踏んでしまいます。そしてその時、この小説では、はじめてキリストが沈黙を破るのであります。「踏むがいい。私はお前たちに踏まれるためにこの世に生まれ、お前たちの痛さを分つため十字架を背負ったのだ」と。

これに対して亀井氏は「この場合、最後までキリストをして沈黙せしめよ、と私は言いたい。……そのときなすべき唯一のことは、ロドリゴ自身の沈黙であり、つまりは、『委ねる』という態度である。『委ねる』とは、父なる神へのあらゆる分別を捨てた捨身行である……つまり言説の絶えた境地……である」と。そして「キリストの最後について、私の知るかぎり最も正確な言葉を放ったのはパスカルであった」とパンセの次の有名な言葉を引用します。

イエスは、その友がみな眠りその敵がみな醒めているのを見て、自らを全く父に委ね給う。

そして「絶対の孤独という言葉を使ってみても言いあらわしえない、それこそ最終の沈黙がここにある」というのです。亀井氏はだから「ロドリゴは雄弁にすぎた。それは『委ねる』という境地に比べたらつまらないものだ」という言葉でしめくくるのです。文芸批評の中で、こういうことが語られ、読まれていることは興味深いことであります。

苦難のしもべ、主イエス、したがってキリスト教は、神の沈黙という問題に対して、建造物や〈政治活動や〉いかなる雄弁をもって答えるのでもありません。沈黙をもって答えるのであります。そうです。最後の沈黙をもって答えるのであります。主イエスは、身を委ねることによって、十字架に身を献げることによって答えたのであります。歴史の苦悩に対するこのキリストの沈黙の献身の故に、代々のキリスト者は〈神の沈黙〉という厳しい現実、苦悩に耐え抜いてきたのであります。

大佛次郎氏は『天皇の世紀』で、浦上の四番崩れといわれる幕末のキリシタン迫害の中で、敢然と八三人中ただ一人信仰を貫き通した仙右衛門の話に、かなりくわしくふれております。それ自体感動的な話ですが、私は大佛氏の評価に大変興味をもちました。

権力の前で庶民が強力に自己主張した点で、封建世界の卑屈な心理から脱け出て、新しい時代の

> 扉を開く先駆となった。
> 維新史の上で無名の彼は、実は日本人として新鮮な性格で精神の一時代を創設する礎石の一個となった。
> 　明治の元勲と尊敬された人々よりも、真実新しい時代の門に手をかけた者だったとも言える。

というのです。

こうした高い評価をうける仙右衛門とは「固より無知無学な町人で、見た所はいかにも臆病らしく、役人の前へ出て答弁など出来そうな男ではなかった」のです。ただ「牢内に在って、熱心に祈り、毎日身も心も天主に献げ……以て拷問に堪えうる力を（さずかるように）懇願した」だけなのです。

　私どもが主イエスの十字架をかたく信じていることは神の沈黙とか神の死とかいう言葉でいわれている今日の世界の〈底によどむ〉歴史の苦悩の問題を、本当に問題にしているのであり、したがって今日という時を、最も深く生きているのであり、日本人として新鮮な精神の一時代を創設してもいるのであります。

（一九七二年）

（『左近淑著作集　第四巻』教文館、一九九二年所収）

左近《さこん》 淑《きよし》 (一九三一―一九九〇)

左近 淑は一九三一年(昭和六年)一月二日、画家木下 茂・イクの次男として横浜に生まれた。一九四七年、横浜明星教会において川又吉五郎牧師から洗礼を受けた。重い結核にかかり、それが契機となったと言う。日本敗戦の衝撃も一因であったと伝えられる。一六歳であった。洗礼を受けると共に神学を学ぶ決心を与えられ、翌年の一九四八年、日本基督教神学専門学校予科に入学した。専門学校から東京神学大学に転じ、博士課程前期課程を一九五六年に修了した。旧約学を専攻、「七十人訳伝承としてのアリステアス書簡研究――緒論、翻訳および註」という学問的水準の高い文献学研究であった。

四谷新生教会伝道師であったが、一九五八年、フルブライト奨学金によりニューヨークのユニオン神学大学に留学、ジェームズ・マイレンバーグ、そしてサムエル・テリエン両教授に師事、十戒研究で博士論文を完成した。一九六三年、東京神学大学専任講師となった。一九六五年、左近義慈教授の長女左近和子と結婚、左近姓となった。三男一女を与えられている。同年、助教授、一九七一年、教授となった。

左近 淑は、神学研究と教育に専心し、ひとつの教会の牧師になることはなかった。しかし、左近家は日本基督教団阿佐ヶ谷教会(大村 勇牧師)との関係が深く、一九六九年、その協力教師になり、しばしば説教を担当するようになった。一九七五年にはしばらく代務者にもなっている。更に左近家は自由学園とも関係があり、そのために、左近 淑は自由学園でも大切な礼拝の説教を依頼されることが多くなった。また親友であった大木英夫教授が主宰する雑誌「形成」に一五年間にわたって「聖句研究」を連載、これはのちに単行本となり、『混沌への光』(一九七五年)、『低きにくだる神』(一九八〇年)、『時を生きる』(一九八六年)として、いずれもヨルダン社から刊行された。

一九七〇年、日本聖書協会の委嘱により、新しく企画された新共同訳刊行に実務委員として関わることになり、自分も翻訳に携わるとともに刊行全体に関わることになって全力を傾注した。一九八七年に完成している。

一九八一年、日本旧約学会会長となり、五年間在任した。一九八七年、東京神学大学学長に選任された。しかし、一九九〇年九月七日、くも膜下出血のために急逝している。五九歳であった。

既に言及したもの以外にも著書は多い。『詩篇研究』(新教出版社、一九七一年)、『旧約の学び(上)序・ヨセフ物語』、『旧約の学び(下)ルツ物語・ダビデ王物語』(以上、日本基督教団出版局、一九八二年)、『詩編を読む』(筑摩書房、一九九〇年)などがある。逝去後、一九九二年から六年をかけて、『左近淑著作集』全五巻、別巻一巻が教文館から刊行された。またそれに含まれていた『旧約聖書緒論講義』が、好評であったので別冊で刊行された(教文館、一九九八年)。これは東京神学大学における講義を、学んだ者たちが記録しており、それを左近の死去後、整えて原稿化したものである。なお日本キリスト教団出版局から、シリーズ「日本の説教」の一冊として、左近の説教集が刊行されたのは二〇〇七年である。

左近 淑は旧約学者として、まことに優れた学者であり、日本の旧約学の水準を高め、多くの業績をあげている。しかし、時に聖書学者のなかに、言葉や歴史に詳しく文献批評に長けているが、聖書を信仰の書物として読み、聖書から神の言葉を聴き取ることに情熱を持たないひとがいる。だが、左近は学者として驚くべき知識と能力を発揮するとともに、聖書を神の言葉として説くことに非常な情熱を発揮したひとである。ひとつの教会を牧会する牧師ではなかったが、まさに伝道者の養成に力を注いだ東京神学大学の教師らしく、聖書を正しく読み解くことと説教との関係について深い関心を持ち続けた。そして自分自身が優れた、情熱の説教者であった。ある日、東京神学大学の毎日の礼拝において説教を担当したとき、コリントの信徒への手紙一第一五章一〇節、「神の恵みによって今日のわたしがあるのです」の一句を説きながら、涙して、言葉が途切れたことがある。説教者自身の存在から出る言葉を語ったのである。

当然のことながら、旧約聖書の言葉を説く説教が多い。ここに紹介するのも旧約聖書の説教である。阿佐ヶ谷教会の礼拝における説教であるが、正確な日付はわからない。しかし、イザヤ書第五二章一三節から第五三章一二節までの第二イザヤの言葉、いわゆる苦難の僕の歌の第四の歌を説いている。説教者は、これを何のためらいもなく主イエスの十字架の出来事と重ね合わせて聴き取っている。主イエスの受難を記念するときにふさわしい説教と思っている。

聖書のテキストの旧約学者らしい説き明かしが説教のなかで行われる。しかし、テキストの説き明かしが説教の構成をもたらしているのではない。そうではなくて、最初に遠藤周作の代表作『沈黙』を取り上げ、その作品の主題である〈神の沈黙〉が説教を通じて説かれるべき主題であることを明言する。一種の主題説教である。その主題を特定の聖書の言葉を聴きつつ追求していくのである。左近の説教は、この説教のように、聖書から説き始めるのではなく、聖書以外の書物や出来事に言及することから始めることが多い。聖書の言葉を現代の世界のコンテキストのなかで聴こうとしている。説教の聴き手が生きている現実における聖書の言葉を聴こうとしている。聴き手の今生きている現実に聖書の言葉を届けようとしている。そのような伝道者意識、牧会者意識が、左近の説教のための黙想を導いているのである。

キリシタン迫害というキリスト者の苦難のとき、なぜ神は沈黙を守られるのか。神の沈黙は神の不在を意味するのか。ベトナム戦争のときも神は沈黙しておられるのではないか、という問いからアメリカで「神の死」が語られたことにも左近は言及する。〈神の沈黙〉という言葉は、「今日の世界と歴史の底によどむ問題」であると左近は指摘する。そして第二イザヤが語る苦難の僕の歌にも神の沈黙が語られている、と言ってテキストを聴き始めるのである。第二イザヤは民族の歴史における〈氷点〉とも言えるところで、神のみわざを語り出し、主の僕の歌を歌った。左近は、ここに「十字架の言葉」を聴き取る。世界の不条理、神の沈黙がもたらす苦悩を一生涯、いや、死においても経験した。そこで耐えて、沈黙し続けた。この沈黙は、ヨブをはじめ旧約聖書が語る、他の苦難に生きた者たちの知らなかったものである。しかし、苦難の僕、十字架の主イエスは沈黙を守った。十字架は神の最大の沈黙であった。それは「父よ、わたしの霊をみ手にゆだねます」との主の言葉が語るように、すべてを神に委ねることであった。そこで左近は評論家亀井勝一郎の言葉を借り、遠藤の『沈黙』におけるロドリゴは「雄弁にすぎた」と断言する。この説教は、主イエスの十字架を説く多くの言葉のなかでもユニークな秀作である。

十字架上の主イエスⅡ

竹森満佐一

マルコによる福音書　第一五章一六―三二節（イザヤ書　第五三章）

今日は、主イエス・キリストが、最後に、エルサレムに、入城された日、であります。その時に、人びとが、主イエスを歓迎して、棕梠の葉を、道に敷いて、お迎えした、ということから、棕梠の聖日、と言われるのであります。この日から、主イエスが、苦しみを受けられた、受難週がはじまるのであります。このことによって、われわれは、主イエスが、われわれのためになさったみ業を毎年記念して、われわれの、信仰生活の、一番基本である十字架に対する信仰を新しくしたい、と願うのであります。

今日与えられた、マルコによる福音書の一五章二八節に、主が、十字架につかれましたことについての、ひとつの説明が、でてまいります。今読んだところで明らかなように、これは、主イエスが、どのようにして、十字架につけられたか、という、そのいきさつが、書いてあるところですが、主が、十字架にかけられたことを書いた、直ぐあとに、二八節に、かっこの中に、入っている言葉があります。「こうして

『彼は罪人たちのひとりに数えられた』と書いてある言葉が成就したのである」。さきほど最初に読んだ、イザヤ書五三章一二節のところに、彼は「とがある者と共に数えられた」と書いてあります。イザヤ書の五三章に書いてある全体の、いわば、結論のように、全体の意味を、この短い言葉で、表わしているのであります。そして、そのことが、ここに書きつけられていることは、非常に、大事なことだと思います。ここには、小さなかっこでイザヤ書の言葉が書かれ、そして大きなかっこで二八節全体がつつまれております。聖書は、ご承知の通り、書き伝えてまいったものであります。たとえばマルコによる福音書の原文は、今日、どこにあるか、分らないのですが、それを、筆写した写本が、あって、その写本を、書きついで来ているのです。それを、厳密に、研究して、元の文章が、どうであったか、ということを、調べるわけであります。そのように研究をしますと、この二八節は、はじめから、マルコによる福音書の中にあった、言葉とは思えない、というのが、聖書の学問の今日における一つの結論であります。そこでこれは大きなかっこの中に入れるか、あるいは世界の多くの翻訳では、二八節は全然はぶかれているのであります。そういうふうにかっこの中に入っているとか、全然はぶかれているということは、この中に書いてあることが、うそだということでもなければ、取るに足りないもの、とはかぎらないのであります。ただ、マルコによる福音書のここに、この言葉が入っているとは、思えないというだけのことであります。一番はじめのマルコによる福音書の文章の中に、ここにこの言葉が入っているとは思えないということであって、この言葉がまちがっている、ということではないのであります。

現に、ルカによる福音書の、二二章三七節をごらんになると、そこでは、主イエスが、捕えられた時のことが書いてありますが、その捕えられたすぐあとに、ちょうど、これと同じ言葉が出てくるわけであります。そういたしますと、あるいはルカによる福音書を読んだ教会が、この言葉を、ここにとり入れたと考えることもできるのであります。くりかえしますけれども、これは、ここにこの言葉があったとは思えないというだけのことであって、この言葉の内容がまちがっているとは、きめるわけにはいかないのです。そうではなくて、むしろ、おそらく、これはマルコによる福音書を書き伝えてまいりました教会が、どこかのある教会が、ここのところに至って、このイザヤの五三章を思い出し、そしてルカによる福音書の二二章三七節の言葉を、ここに入れることが大事だ、ここでこれを思い出すことが大事だ、と考えて書き入れたのではないかと思います。そうであるといたしますと、これは教会がマルコによる福音書を読み伝えてまいりますうちに、あるところで、ある教会がこういう説明をつけた、こういう解説をつけたと言ってさしつかえないと思うのです。もし、ルカによる福音書にありますように、主イエスが捕えられた時に、これは、イザヤの預言の中にあるように、彼は、罪人らのひとりに数えられたということが成就したのだ、ということが、ほんとうであるとするならば、そして、それを、主が捕えられた時に、そういうふうに言うべきであったとするならば、主が十字架につけられた時に、もう一度、言っても、まちがいではない、と思うのです。

今日、われわれは、主の十字架の記事を読んで、さらに、ここに引用されていることを読むと、預言者イザヤが言った言葉が、実際、ここに生きている、と感じるのです。あの言葉を通して、これを理解しなければ、ほんとうには分らないのだと言っても、けっして、まちがいではないどころか、正しいことである、と思うのであります。そして、それならば、マルコが、はじめに、この言葉を、ここに書いたか、書かなかったか、ということは、それほど、問題にならないだろう、と思うのです。昔のある教会が、これを書き入れ、そののち、多くの教会が、それを、伝えて来たのですが、われわれもまた、ここでそういう立場から、そういう解釈をもって、主イエスの十字架を読む、それが一番正しい読み方だ、と信じることができると思います。

さて、そういう立場から、考えて、主イエスが、この世においでになって、行われたみ業の意味は、なんであったか、ということが、非常に明瞭に、教えられるのであります。主イエス・キリストが、偉い方であった、ということは、今日、敵も味方も、認めるところであります。たとえば、キリスト教は嫌いな者でも、おおよそ宗教というものは、信じない者でも、あるいは、キリスト教の中にいながら、主イエス・キリストを、神のみ子、と信じないような人であっても、主イエス・キリストが偉大なお方であった、ということだけは、みな、否定しないのであります。しかしながら、そういう人たちは、主イエスが、何のために、この世に来られたか、そして、何を目標とされたか、主イエスのこの十字架に至るまでの、み業をひとつひとつ検討していって、そのことの意味を、はっきり、とらえることができないでいるのであります。したがって、ほんとうには、信仰をうることもできなければ、聖書が、与える救いをうることも、できないのであります。

主イエス・キリストが、ああいうことをされた、こういうことをされた、ということを教えるのも、無駄ではない、かも知れません。しかし、聖書が、われわれに証ししていることを、ただひとつの言葉で言え、というならば、それは、ここに書いてある、イザヤ書五三章の言葉になる、と思うのであります。つまり、主イエスが、この世においでになったのは、罪人たちのひとりに数えられる、ためであったということです。そして、その罪人たちのなかには、われわれが、入っているのです、われわれ、ひとり、ひとりが、入っているのです。入っていない人間は、ひとりもいないのです。その中に入っている、ひとり、ひとりと、同じように数えられる、ということが主イエスがこの世においでになった目的なのであります。そこで、福音書を書いた人は、主イエスが、捕えられた時のことを書いて、このように、主イエスは、われわれと同じものになるために、捕えられたのだ、と言うのであります。マルコによる福音書を読んだ者は、主イエスが十字架につけられたのをみて、主イエスは、ご自分を、われわれ罪ある者と、全くひとつにするために、この世においでになったのだ、と言うのであります。

罪人の中に、自分の身をおく、ということは、そんなに、むつかしいことではない、かも知れません。罪人と言われるような人びとの中に、自分の身をおいて生活している立派な人もあることは、われわれも、知っております。あるいは、罪人や、人びとから、嫌われているような人たちに仕えて、生涯を貫く人びとも、けっして、少なくないでありましょう。つまり罪人たちの中に入るとか、あるいは、罪人たちに仕える、というだけのことであるならば、少しひろく考えれば、だれにでも、できることであるかも知れません。しかし罪人が、罪人になる、というのではなくて、自分に罪がないのに、罪人になるということは、神の子主イエス・キリストだけにしか、できなかったことであります。そういう意味において、主イエスが十字架につけられたことは、とがある者のために、罪人のひとりとして、主イエスが数えられたのであります。これは、ほんとうに、罪人になることであって、しかも罪人になりきるということは、はじめから罪人である者が、罪人になるのなら、少しも、不思議はないのですが、罪人でない方が、罪人になり、そのために、捕えられ、さらに、十字架につけられたということ、これが、われわれが、聖書の中で読み、また、聖書が証ししていることであります。それが、主イエスのみ業の、ただひとつの目的だ、と言っていいと思います。主イエスは、いろいろのことをなさいましたが、結局は、ここにすべてのことが、集中され、そして、ここから理解されなければ、理解されないということが、分る、と思うのです。

主イエスのことがよく分らない人があります。その人びとは、主イエスのみ業を、認めようとしないのです。そういう人は、どういう点に問題があるか、と言えば、まず第一に、主イエスが罪のない神の子であるということが信じられないのです。主イエスが、はじめから、罪のある者であると思っているのです。したがって主イエスが罪人と共に数えられるということは、どうしても分らないのです。はじめから、罪人なのだから、その罪人が罪人のひとりに数えられても、別に、どうということはない、と考えるだろう、と思うのです。

もうひとつは、人間の罪を、あまり問題にしない、ということであります。人間の社会というものは、いろいろなことがおこって来て、結局は、社会が悪いから人間が悪くなるのだとか、あるいは、経済関係で人間が悪くなるのだとか、いろいろのことを言って、それぞれ理由がないのではないのですが、われわれが、よく知っているように、いろいろ廻っていっても、最後には、結局、ひとりびとりの人間の問題だ、ということになるのです。そして、その時に、人間が、罪があるかないか、ということがほんとうの問題になるのです。昔から、言い伝えられ、語られてきた古いことが、ここで、問題になるのであります。人間の罪が、問題になるのです。それを理解しない人たちにとっては、キリストが、罪人のひとりに数えられた、ということが、何の意味も持たないのは、あたりまえであります。

さらにもうひとつのことがあります。人間に、全く、罪がない、という人はないのです。人間は、不完全だとか、失敗があるとか、いうことを認めない人はありません。しかし、自分は罪がある、自分は罪人だ、ほかの人はどうだか知らないが、自分は罪人なのだ、ということが、分らない人は、非常に多いのであります。そして、それが、分るまでは、その人は、ほんとうに人間として生きていくことができないのではないか、と思います。なぜなら、自分の真の姿が、分らないからです。また自分に罪がある、ということが分らなければ、主イエスが、罪人のひとりとして数えられるために、この世に来られた、ということの意味が、結局、分らないから、であります。聖書をどれだけ読んでみても、どんなに研究してみても、何の役にも立たないのであります。なぜなら、聖書が、ほんとうに、証ししようとしている、彼は罪人のひとりとして数えられた、罪人と共に数えられたということが、結局、分らないからであります。

さて今日与えられましたこの聖書の場所において、そのことがわれわれにどういうふうに示されているか、われわれは、ごく二、三の点を読んで、その意味を深く知り、神の前に、新たに、自分を投げ出して、礼拝をしたい、と思うのであります。

まず、第一のことは、ここに、描かれている人が、みな、このことを、軽蔑した、ということであります。今、聖書は、主イエスが罪人と共に数えられた、ということが、その中心である、と申しましたが、しかも、そのことを書いている、この聖書は、その十字架を、目の前にしてみんなが、そのことを軽蔑した、と書いているのです。みんなが、そのことを、信じなかった、と書いているのです。ですから、われわれは、今日、われわれの周辺に、これを信じない人が何人もいたとしても、少しも不思議でないのです。なぜなら、一番はじめの、キリストの十字架の時に、みんなが、よってたかって、その事実を軽蔑しようとしたことが、まず第一に、聖書の中に書いてあるからです。聖書は、ただ、都合のいいように、キリストは罪ある者と共に数えられた、そして、みんなが、それに、感心した、などということは、書いていないのです。十字架にまでつけられ、罪ある人と共に数えられたのだ、と自分たちは信仰をもって、言わなければならない、といって、わざわざ、書き加えた教会もあったのに、そのまえとあとには、この主イエスが、十字架にかけられたということに対して、それぞれの立場から、軽蔑し、そんなものは意味がないと言った人たちのことが、書いてあるのです。そして、そのことが不信仰な人間に対して、今日も、もっともよく、この事実を証しする方法になったのであります。こういう不思議なことを、われわれは、聖書の中で読むのです。

まず、はじめに、一五章二九節。「そこを通りかかった者たちは、頭を振りながら、イエスをののしって言った、『ああ、神殿を打ちこわして三日のうちに建てる者よ、十字架からおりてきて自分を救え』。十字架は、三本並んで、立てられていました。主イエスの両側には、強盗が十字架につけられていました。その前を通りかかった者たちが、首を振って、しようがない、というような顔をしながら、きみは、ついさきほど、裁判において、神殿をこわして、三日目に建てると言って、裁かれた男ではないか。三日の中に、エルサレムの神殿を建ててみせるというのなら、今、十字架からおりてみろ、と言って軽蔑したというのです。一体、神殿ができるということは、どういうことだったでしょう。エルサレムの神殿が、与えられた、ということは、神殿において、みんなが、神を、拝む、ということでありましょう。したがって、主イエスが、神殿をこわしたならば、手で造らない神殿を三日の中につくる、と仰せになったのは、その内容がどうであるかはしばらくおくとして、これは、人間に、新しい意味で、神を拝ませる、と言おうとなさった、のでありましょう。ここにいわれる、新しい意味でというのは、罪があるために、神に近づくことができない者に、喜びをもって、安心して、神を拝むようにさせることであります。それが、主イエスが、神殿を、新しくつくる、と言われたことの意味であります。エルサレムの神殿が、どんなに壮麗であっても、そこでは、どの人間をも、真に悔い改めさせて、神を礼拝させることはできないのであります。しかし、もし、主イエスが、ご自分の体を神殿として生きさせるとすれば、それは、ここに、ほんとうに罪を知っている者のために、神を拝む道を、うちたてることができるので、その時にはじめて、人間は、神を正しく拝むことができるようになるのであります。それが、主イエスが、人間に与えようとされたことであります。

そのためには、何が、必要でありましょうか。神殿において神を拝むためには、犠牲を捧げる必要があります。しかし、まことの犠牲というのは、どういうものでしょうか。ただ傷のないけものとか、病気したものでないけものとかいうのでなくて、それは、神の独り子であって、罪のない者が、自分を罪人として、神の前に犠牲として捧げるということ以外には、ないのであります。これが、もっとも純粋な、意味のある、犠牲であります。したがって、この人びとは、三日のうちに神殿を再建すると言うならば、十字架からおりて来いと言いますが、じつは、話が逆なので、人びとを、ほんとうに礼拝させて、それによって、生きることをえさせるような意味での神殿をつくるためには、真の意味の犠牲である、主イエス・キリストが十字架について犠牲として殺されることが、必要であったのです。それを止めることができないのです。ところが、そういうことについて全然理解がないのです。そして、それとは、逆なことを言って、あなたはおりて来てみせろ、そうすれば、その力をみて、われわれは、あなたに感心して、あなたにしたがうだろう、と言ったのであります。そうであっては「彼はとがある者と共に数えられた」、罪人のひとりとして、罪人と共に数えられる、という事実はできてこないのです。したがって、新しい神殿はできないし、新しく、神を拝む場所もできないのであります。ほんとうに人間に、神を拝ませることはできないのであります。われわれは、このことから、かえって、どういう意味で、主が罪人と共に数えられたか分るのであります。

そのつぎは、三一節であります。「祭司長たちも同じように、律法学者たちと一緒になって、かわるがわる嘲弄して言った、『他人を救ったが、自分自身を救うことができない。イスラエルの王キリスト、いま十字架からおりてみるがよい。それを見たら信じよう』」。さて、ここに言われているのは、どういう人たちでしょうか。祭司長と学者であります。祭司長と律法学者というのは、この当時の代表的な宗教家でありますす。これは、その人たちの、攻撃であります。ところが考えてみますと、この攻撃というのは、じつは、最低の攻撃ではないか、と思います。つまり、この人たちも、宗教家でありながら、さきの人びとと同じように、神の力というのは、十字架についているものが、そこからおりてくることである、と思っていたのです。ただ人間には、できそうもない不思議なことを、見せよ、ということであったのです。それが、この人びとが、求めていたものであります。

このことは、非常に重大だ、と思うのです。これは祭司長と律法学者であります。つまり旧約聖書の信仰が、分っている人たちでありました。そういう人びとでも、なお、キリストによって見たいと思ったものは、何か魔術のような力が、神の力としてあらわされることだ、と言っていたことが、ここに、示されているからであります。今日、われわれが、信仰生活をしていて、自分は、宗教の専門家ではないにしても、われわれが、信仰生活の力として、まことに見たい、と思っているものは、一体何なのだろうかということを、考えてみる必要があります。どういう力を、求めているのでしょう。ところが、それは、この人びとと同じように、キリストが十字架からおりて来てくださること、ではないでしょうか。それは、いろいろな形で、出てくるだろうと思います。自分の病気がなおることだとか、自分がお金がもうかることだとか、社会がよくなるとか、そういうことの中に、神の力が働いて、くることをねがっているのではないか、と思うのです。それは、丁度、十字架からおりてくること、と同じことになると思います。つまり、その力は、キリストが、罪人と共に数えられるということとは無関係なのです。そんなことは、どうでもいいので、それとは関係なしに、ただ、自分が都合がよくなったらいいということだけ、をねがっているのであります。

祭司長と律法学者は主イエスを審いた人たち、主イエスを、十字架につけたらいいと言って、ピラトにすすめた人たちであります。そうして、おきながら、おまえは、十字架からおりて来てみろ、そうすれば、神の力がみえるだろうと言うのであります。言うことが、一貫していなくて、子供の話のようです。しかし、その中に、彼らが、心ひそかにいつもねがっていることが、あらわれて来ているのではないでしょうか。つまり、神の独り子が、自分と同じ罪人となってくださって、自分を救う業をしてくださることがねがいではなくて、何か、自分が得をするような、自分に利益のあるような意味での、神の力が、どこかにあらわれて来ないか、それを、この人が、示してくれたら、いいのではないかということなのであります。人を救ったのではないか、それでは、自分自身を救ったらどうか、というのであります。自分自身を救うことは、人を救うことにならない、ということは、だれにでも、明らかなことであります。われわれの、この貧しい生活の中で、つまらない人間としての生活の中でも、人のために犠牲をはらわなければならないことは、だれでも、知っております。自分を殺さなければ、人が生きない、こともよく知っております。自分を殺すことが人を救うことになるか、あるいは自分を生かすことが人を救うことになるか、そういう肝心なことさえ、この宗教の専門家である祭司長も律法学者も、ここでは忘れはてているのです。ただ、不思議な力を信じてみたい、というだけです。これは、あざけりの言葉であるとともに、彼らの本音をあらわしたものであります。つまり、彼らは、自分は、神の救いは、必要がないと思っているのです。ただ、自分の、今ある、この生活に、もっと何かが加えられること、そういう意味での神の救いというか、神の力を求めているだけであったのであります。彼らは、自分が罪人だと思っていないのです。だから、自分と同じ立場にたって、自分を救ってくださるという意味での救いは、考えていないのです。罪人と共に数えられるこの神のみ子のみ業は、彼らには、結局、分らないということであります。さきほどの場合と同じように、ここにも、彼らのじつに、わがままな、そして信仰の分らない立場が、かえって、主イエスのみ業が、どんなに、大事なものか、ということを、逆に、証明している、と言っていいのではないかと思います。

最後に、さきほど読んだところの、おわりを読みたいと思います。「また一緒に十字架につけられた者たちも、イエスをののしった」と書いてあります。ご承知のようにマルコには、これだけしか書いてありません。しかし、どうしてののしったかということや、いろいろのやりとりをわれわれはあまり考える必要はないのです。まず、第一に、興味のあることは、一緒に十字架につけられた者たちが、イエスをののしった、ということです。ルカによる福音書をみますと、彼らもまた、自分を救ったら、いいではないか、人を救うと言うのならば、自分をまず救え、というようなことを言っております（二三・三九―四三）。この罪人たちというのは、いわゆる強盗やこそ泥やあるいは殺人者ということではなくて、多分、その当時、イスラエルにおおぜいいた革命家たちではないか、と言われます。自分たちの国が、ローマに征服されていますので、その中にあって、自分たちの国を回復しようと考えた人たちだというのです。そうだとすればある意味では、大へん真面目な人たちです。もし、そうであるとすれば、この人たちは、また、他の人の救いということを、真剣になって考えた人たちでありましょう。主イエスは「イスラエルの王」だというような捨て札をたてられて、この連中と同じようにローマに反逆したものだということで十字架につけられたのであるかも知れません。そうすると、この人びとは、案外、真面目に、人のために、あるいは、国のために、ということを考えているのかも知れません。

今日、われわれの教会にも、そういうふうな意味で主イエス・キリストの十字架を考え、主イエス・キリストのみ業を知ろうとする人たちがおります。自分たちは、世のために、一しょうけんめいに、働こうとしているのであります。しかし、そのためには、主イエスの十字架が邪魔になるらしいのです。主イエスの十字架に対する信仰が邪魔になるのです。むしろ、主が十字架からおりてみせてくれた方がよかった、と思っているのではないかと思われるのです。そういう不思議な力をもって、この世をよくするのが、信仰の力である、と思うのであります。

この話は、あまりものを深く考えない人たち、信仰のことがよく分らない人たちには、耳によく入りやすいのであります。なぜならば、信仰をもっていない人でも、こういうことを言う人たちは、いくらでもあるからです。ただ、ここでも、大事なことは、この人たちも、また、十字架から、キリストがおりることをねがい、むしろ、キリストが、十字架につけられないことをねがうことになる、ということです。少くとも、キリストが十字架につけられたのは、罪人と共に数えられることが目的であったことが、少しも分っていないのです。ただ、人のために一しょうけんめい働いて、そのはて、とうとう捕まって殺されたとか、あるいは、ただ十字架につけられて、人びとに模範を示したという程度しか、考えられないのです。つまり、自分も、自分が仕えている人も、みな、罪人としてのなやみ、その罪のゆえに死ぬべき者、そういう人間としての根本的な問題については、一向考えようとしないのです。そんなことはどうでもいいと思っているらしいのです。だから、主イエスが、十字架につかれたならば、おりてこいと言い、おりてくることによって、力を示せ、と言うのです。聖書の解釈である、彼が、とがある者と共に数えられた、ということ、あるいは、マルコの言葉によれば罪人のひとりとして数えられた、ということについては、そのことの重要さとか、そのことが持っている、われわれに対する力は、理解しようとしないのであります。そういう意味では、この人たちもまた、最初に首を振った人たちや、祭司長、学者らと同じように、この教会の信仰、彼は罪人と一緒に数えられたということの意味が、どうしても、分らない人たちであると言うことができるのではないか、と思います。そのことが分るまでは、信仰だ、キリスト教だと言っても、始終世の中におもねったり、世の中の傾向を気づかったりして、慌ててそっちについて行こうとするような、みっともないことをするのです。なぜならばここにほんとうに人間の一番大事な罪の問題が解決されていることを、少しも考えようとしないのですから、結局はそういうことになるのは当然のことであります。世のことを考える時は、他を裁くことに急で、自分のことは分らないのです。他人と自分とに共通な、罪という、人間の基本的な問題は、分ろうとしないのであります。

さて、われわれは、ここで、三種類の人たちが、主イエスの十字架を中心にして、主イエスが命をかけて成就しようとしたみ業に対して、いかに無理解であったか、ということを知ることができます。そして、それは、けっして、二千年前の話ではなくて、今の問題だということも、よく分るのです。そして、また、そのことによって、いかに、これが、重要なことであったか、ということが分る、と思います。はじめの方には、主イエスは、没薬《もつやく》を入れた飲み物を与えられたが、拒んだ、と書いてあります。それは、一種の麻酔剤であって、十字架の苦しみを減らすためのものであった、と言われます。十字架の苦しみは、手に釘を打たれた、その釘のあとの痛さの問題ではないのです。あるいは脇腹を刺された痛さの問題でもない、もし、そうならば、キリストの両側にいた盗賊も、同じ苦しみを味わっている、はずなのです。そうでなくて、罪人と共に数えられることの苦しさ、であります。罪なき者が罪人と共に数えられたことによって、成就しようとするその戦いであります。そして、それを、最後の最後まで、命のなくなる時まではっきりとみつめて、十字架の死をとげられたのであります。途中でごまかして、少しでも、その苦痛をやわらげて、それをしようというのではないのです。これは、そんなことですむことではないのです。完全に、それを味わいつくす必要があった、のであります。

それを知らない人びとが、まわりで、こんなふうにじつに愚かな様子で、あざけっている中で、主イエスは、ただひとり、自分の心を弱めるような薬物を一切除いて、完全に、その苦しみを、最後まで、なめつくされたのであります。主のご苦難が、あるとすれば、まさに、ここにあるのだ、ということを、われわれは、この一週間かかって、また考えなおす必要があると思います。

（『わが主よ、わが神よ――イエス伝講解説教集』教文館、二〇一六年所収）

竹《たけ》森《もり》満《ま》佐《さ》一《いち》（一九〇七—一九九〇）

竹森満佐一は、一九〇七年（明治四〇年）、旧満州（現中国東北部）大連で、旧日本基督教会大連西広場教会の教会員であった竹森九市・政野の長男として生まれた。一九一〇年、ウィン宣教師から幼児洗礼を受けている。一九一九年頃、奉天（現瀋陽）に移り、日本基督教会奉天教会に転入した。一九二二年、山口重太郎牧師司式で信仰告白をしている。

奉天中学を経て、一九二六年、満州教育専門学校に入学、英語、ロシア語、ギリシア語などの教育を、師範教育とともに受けた。同時に、在留外国人から、個人教授によってドイツ語、フランス語などを学んでいる。山口牧師、後任の林三喜雄牧師から懇切な信仰教育、教理教育を受けている。一九二八年、肺結核となり、日本内地に帰り、二年間、近江のサナトリウムで療養、この期間、読書に励んだ。特に林牧師から勧められたスコットランドの神学者ジェームズ・デニーの著書『キリストの死』に大きな感動を得て、自分も神学を学ぼうと決心した。デニーの著作を在学中に全て読んだ。一九三一年、専門学校を卒業、病気療養ののち三三年、上京して日本神学校に入学、一九三六年に卒業した。在学中は蒲田御園教会の栗原久雄牧師のもとで教会生活をしている。卒業論文は「アウグスティヌスの内的発展」であった。スコットランド神学、神の言葉の神学、にも学んだが、教会、教理の歴史にも深い関心を注いだのである。

神学校卒業後、日本基督教会白金教会の副牧師、のちに牧師となった。一九三六年、同窓生であった山本トヨと結婚した。一九三八年、訳書『カルヴィン説教集』（新生堂）を刊行した。フランス語からの翻訳も評価されたが、この訳業は訳者自身に大きな感化を与え、爾後カルヴァンは、竹森満佐一の説教の模範となり基準となった。一九四〇年、共立女子神学校講師となり、新約聖書と教会史を教えるようになった。同年、『満州基督教史話』（新生堂）を刊行している。一九四一年、太平洋戦争が始まり、合同教会日本基督教団が結成された年、同教団吉祥寺教会牧師となり、逝去するまで同教会の実質的な牧師であり続けた。戦争中は、熊野義孝牧師を中心とし、同志の神学者たちと東京基督教研究所を設立、神学啓蒙の運動をしつつ、共同研究を継続、基本信条の翻訳をしたりしている。敗戦後、一九四六年、女子神学校合同に伴い、日本基督教女子神学専門学校講師となる。更に、同校も併合されたため、一九四八年、日本基督教神学専門学校講師となり、翌年、同校が東京神学大学となり、その助教授となった。教会史専門であった。一九四九年から一年、ニューヨーク、ユニオン神学大学大学院で新約聖書学を学び帰国、新約聖書学担当に転じた。一九五一年、教授に昇任した。一九六八年から一年間、米国のウェスタン神学大学、ドイツのハイデルベルク大学で一学期ずつ客員教授を務めた。一九七三年、東京神学大学学長に選任され、七九年、同学長、教授職を定年退職した。一九八一年、トヨ夫人死去。一九九〇年一一月九日、結腸癌のため死去した。吉祥寺教会在任、四九年に達した。

教会では主日礼拝を重んじ、説教を中核に置いた伝道に集中し、礼拝出席者一八〇名に達したこともある。主日礼拝では、説教題を提示せず、主日ごとに任意の聖書テキストを説くようにした。カルヴァンに倣ったという講解説教をするようになり、従来主題説教を主流としてきた日本基督教会の説教の伝統に大きな変革をもたらした。一九五〇年代後半から、主として連続講解説教をするようになった。日本のプロテスタント教会で、今日、諸教派で広く行われるようになった連続講解説教の先駆者、また模範となった。

新約学者としての著書には次のようなものがある。『新約聖書通論』（新教出版社、一九五八年）、『使徒行伝講解』（日本基督教団出版部、一九六五年）。日本基督教団のなかにあって連合長老会を結成、改革派信仰と教理の普及、進展の為にも訳書を出した。代表的なのは名訳の評価が高い『ハイデルベルク信仰問答』（新教出版社、一九四九年、改訂版、一九六一年）、カルヴァン（ヒュー・カー編）『キリスト教綱要抄』（新教出版社、一九五八年）。また東神大パンフレットとして信仰の学びのための素敵な小著をいくつも書いた。『礼拝』、『正しい信仰』、『主の祈り』、『愛』、『教会と長老』である。しかし、何よりも多かったのは、礼拝で語られた説教を収めた説教集である。『ローマ書講解説教』（全三巻、新教出版社、一九六二―七二年）、『わが主よ、わが神よ――イエス伝講解説教集』（二巻、ヨルダン社、一九七四年、復刊、教文館、二〇一六年）、『ダビデ――悔いくずおれし者』（日本基督教団出版局、一九七五年）、このあと、ペテロの第一の手紙、コリント人への第二の手紙、エペソ人への手紙、コリント人への第一の手紙、山上の説教、の講解説教が新教出版社から順次刊行された。生前最後の講解説教はピリピ人への手紙のそれであり、日本基督教団出版局から一九九〇年に刊行された。

私見では、数多くの説教集のうち、敢えて推せば『ローマ書講解説教』、『わが主よ、わが神よ――イエス伝講解説教集』を代表作とすることができる。竹森満佐一は、多くの古典語、現代語を習得し、教会の歴史にも教理にも通じていたが、教会の枠を超えた知識に富み、また人間をよく知る教養人であった。また牧会者として、説教の聴き手をよく知り、説教は聴き手の問いをよく聴き取り、また聴き手に問いかけ、現代に生きるキリスト者の問題の急所を突き、そこに語りかける言葉を語ることを会得していた説教者であった。ただ聖書の言葉の解説、説明に終わることはなかった。ローマ書を書いた使徒パウロは、自分の信仰をぶつけるような言葉を語ったと喝破したが、竹森自身も、その説教において、その信仰をぶつける言葉を語った。聴き手も、自分の存在、こころの深みに福音の慰めを届かせてくれる言葉を聴いているという感動を味わったのである。特に、先に挙げた説教集は、その本領を発揮したものであり、日本説教史の遺産ともなるべきものである。

ここで紹介するのは、『わが主よ、わが神よ――イエス伝講解説教集』から、「十字架上の主イエスⅡ」という題の説教である。明らかに一九六〇年代の棕櫚の主日に語られたものである。聖書テキストは、マルコによる福音書第一五章一六―三二節、それにイザヤ書第五三章が併せて挙げられている。明らかに、説教に先立って、これらが朗読されたのである。しかし、説教は、この聖書テキスト全体を講解しているものではない。説教の冒頭で、棕櫚の主日にふさわしく主の十字架への信仰を新しくしたい、と述べて説教本論にすぐ入る。そこで、共に耳を傾けて聴こうと改めて強調されるのは、マルコによる福音書第一五章二八節である。「こうして、『その人は犯罪人の一人に数えられた』という聖書の言葉が実現した」。これは新共同訳では底本に欠けており、福音書末尾に異本によるとして別記されたものである。竹森が説教したとき用いた口語訳では括弧の中に入れて印刷されていた。いわば二次的なテキストであることが明らかなものである。それが何を意味するかは、新約学者である説教者は、よく承知している。マルコによる福音書に後代の教会が挿入したのだと明言する。福音書テキストが伝承されている間に起こった。それはルカによる福音書第二二章三七節では主の逮捕、捕縛との関連で引用されているイザヤ書第五三章一二節である。聖書が教会の手によって形成されたことを積極的に承認し、聖書を歴史的文書として批判的に読むことを説教のなかできちんと語り、むしろ、そこで聞こえてくるメッセージを聴き取ろうとするのである。そこで浮かび上がるのは、イザヤの「彼は罪人のひとりに数えられた」という一句である。説教は、このひとつの言葉に集中して語られる。聴き手と共にひたすら、この一句を神の言葉として聴き取ろうとする。一種のみ言葉をひたすら求める黙想をしている、ということもできる。

説教学のひとつの考え方からすれば、このようにただ一句に集中する説教を textual sermon（即テキスト説教）と呼ぶ。短い一句を黙想しつつ、そこで聴こえてくる真理をめぐって広く深く聴き、語る。主題説教の方法に似てくる。与えられた聖書テキストを、もっと長いパラグラフとして捉える、いわゆる講解説教（expository sermon）とは区別するのである。竹森満佐一は、しばしば、そのようなスタイルの説教をする。この説教は、その典型である。

説教は、このイザヤの言葉こそ、主イエスの十字架の意味を正しく明らかにする、と宣言する。そして、そのことを説きあかすことに全力を挙げる。それどころか、主イエスが地上に来られたのは何のためであったか、それもこの一句が集中的に言い表している。これを説くとき、説教者が向かい合っているのは、自分の説教の聴き手であると共に、このようなキリスト理解をしない全ての人びとをも視野に入れている。その意味では、極めて論争的であり、弁証的である。いいかえれば、ここで説かれていることが極めて正統的な教理であることを自覚しているということでもある。しかし、それは公式的な表現の羅列ではない。このイザヤの言葉を受け入れることは、「われわれが」罪人であるという告白をすることを意味している。教理的と言うよりも、竹森が愛する表現をすれば、信仰告白的なのである。

説教は、主イエスの十字架の前で、三日のうちに神殿を建ててみせると言ったではないか、十字架から降りてみよ、と罵った者たちがいたことを聴き手に思い起こさせながら、主の十字架こそ、罪人たちが悔い改め、新しい思いで神を礼拝する道を拓いてくださったではないか、そのために犠牲となってくださったではないか、と丁寧に説く。十字架を説くとは、こういうことだということを明確にしている、すぐれた説教である。

わが神、わが神、なんぞ我を見棄て給いし

植村正久

マルコによる福音書　第一五章三三―三四節

十字架上におけるイエス御苦難のことを考えると万感交々《こもごも》至るという次第であるが、それについて一つ不思議なことがある。始めから終りまでわざとらしい強がりを一言も口からお出しにならなかった。すべて自然で、ありのままで、どこもかしこも至誠である。

イエスの御言がそうであったばかりでなく、その記事もまた単純で、少しの飾りたてた所がない。かねて尊敬していた人や、愛していたものの死んだ後で、彼はどういうことを言ったとか、如何なる歌を作ったとか、ややもすればとかく潤色に過ぐる弊がある。しかしイエスの最後の御言として書き遺されたところには、そのような形跡が少しも見えない。主の一言一行に信仰を置き、すべてそのままで差し支えがないものと思ったらしく、正直に、単純に、艶も飾りもなく記してある。記事の確実さもここに認められる。文学上の偉観、甚だおくゆかしく読まれるのである。

イエスの十字架に釘づけられたのは朝の九時頃であった。それから約三時間を経る間に、先日の講壇から説明を試みた御言があり、かくて十二時に及んだ、この時地が暗くなったと書いてある。ルカ伝には太陽光を失うとしてある。これは偶然の出来事であったか、ことさらそういう現象が起ったものであろうか。いずれとも判断することは出来ない。しかしその光を失って地が暗くなり、その辺り一面闇夜の如くなったことは、その場合の光景と心持ちとを適切に表している。事実とその象徴とがよく協調を保っている。目に見ゆる日の光がおおわれてそこら一面暗くなったと同じように、この場合イエスは愛に満つる神の御顔の光に照らされることのしばらく途絶えたように感ぜられ、さながら黒雲が舞い下って、全くその魂を包んでしまったかの如き心地せられたのであろう、心なき自然界も人間の罪悪と神の子の苦痛とを見るに堪えずして、その顔を背けざるを得なかったであろう。いかにも詩的であるとともに、その場面の真相と意味とを写生的に書き表わした記事である。

十二時から約三時間、十字架に釘づけられてから既に六時間にもなる。この間主は十字架上如何なるお心持ちで過されたであろうか。殊に終りの三時間は、日も光を失って、世が常暗《とこやみ》になったかと疑われ、すべてがぼんやりとしてきた。この際におけるイエスの御胸中は我らの推測にも及ばない所であるが、遂に「わが神、わが神、なんぞ我を見棄て給ひし」と叫ばれた。沈黙三時間に亘る。イエスの御胸中の一端は、これによってうかがわれるのである。雲間に月をのぞくが如き心地がする。

「わが神、わが神、何ぞ我を見棄て給ひし」の「し」は過去動詞である。それから如何なることを学び得ようか。あるいは言う。この時までも神は不思議なる助けを下して救い出されるのであろうと期待しておられたが、とうとうそうはいかず、このまま死なねばならないことになったので、成り行きの案外なるにあきれ、悔恨の念堪え難く、こは何ごとぞと怨みを述べられたものと解釈する人がある。あたかも病める人が必ず癒ゆべきものと信じて祈りつつあったのに、結局いけないと宣告されてがっかりすると同じことのように、イエスの語を解釈する。しかしこれは甚だしい誤解である。イエスの死は決して案外なる出来事ではなかった。そのエルサレムに登られたときの有様を見られよ。「耶蘇天に挙げられる時満ちんとしたれば、御顔を堅くエルサレムに向けて進まんとし」云々（ルカ伝九の五一）。死の影暗澹《あんたん》たるエルサレムに行かるるときかくの如く毅然として面《おもて》も振らず金鉄の如き精神と志とを持って進まれたのである。大節に臨んで従容自若、少しも悪びれる様子がなかった。皆覚悟の前であった。先日も主が十字架の上において麻酔薬を辞退されたことを述べたが、それで考えても死期切迫したとて今さらの如く驚き噪《さわ》がるべきはずなきを知ることが出来る。ゆえにこの場に及んで詰め腹を切らせられる人のように、残念がって恨みかこつなどのことなかるべきは明らかである。

それならばその肉体に及ぶ十字架の苦痛堪えられず、あな苦しやと悶えられた結果として、心にもなき世迷言《よまいごと》を並べられたのであるか。どうしてもそうはとれない。先日も言った如く我らはイエスの十字架に対し、何としてもそれを痛わしや不便やなど感ずることが出来ぬ。そのあまりに堂々として神々しき立居振る舞いは我らがかわいそうだと感じ得る種類や程度をはるかに超越している、主は決して肉体の苦痛に圧倒されるような人格でない。これは我らの学ぶべき所である。

そうでなくばこは死を怖れたものと解釈すべきであろうか、元来死は最も忌《いま》わしい怖ろしいものである。人間の禁物だ。イエスも十字架上引かれものの小唄で、いざ死なねばならぬという場合になると、到頭本音を吐いて死の圧迫に降参したのであろうと解釈する向きもある。イエスの人格を蔑《さげす》んだ意味でかく論ずるのであるが、また幾分か穏当な気分を含めて、同じような意見を抱くものもあろう、随分信仰の篤い人でも十字架上のこの御言をかくの如く説明せんと試みた例《ためし》もある。人間の霊魂は甚だしく荒れているから、生くる死ぬるということについて適当なる理解とありがたい感覚が鈍っている。少なくとも病的である。野蛮人《（ママ）》は死をあまり怖ろしく思わない。日本人は勇武の気性に富んで死を怖れぬと言っていばる徒《やから》もあるが、文化程度の低い《（ママ）》民族の方がこれにも勝って死ぬことを平気で扱っている。我らの死を見るとイエスのそれに対するとの差は野蛮人と日本人との間隔よりも更に甚だしいものがある。およそ生きるという意味が浅ければ死ぬることも浅薄な意味になってくる。あるいは狂犬が犬殺に殺《や》られるくらいの心持ちでただ吠え猛りつつ斃《たお》れるほどの場合もあろう。けれど主イエスのことは全然これと相違している。我は生命《いのち》なりと仰せられた彼の生きるという意味も死ぬるという意味ももっと深くあるべき道理である。イエスにとって死の怖ろしさ物凄さは如何なるものであったか。我らの想像も及ばぬ種類、また程度であったろう。そこで「わが神、わが神、何ぞ我を見棄て給ひし」と叫ばれたのは、最も正しく死を解釈しておられた結果で、最も人間らしい立派な態度であると弁ずるのである。これら両様の言い分はイエスに対する態度において甚だ異なっているが、この言をもって死を怖れられた意味と解する点において一致している、しかしながら我らはこの意見に賛同することが出来ない。ラザロの死んだ時、イエスの言われた御語からこれを見ると、その死をかくの如く解せられたとは思われない。曰く「ラザロは寝《い》ねたり」。曰く「我は復生《よみがえり》なり、生命《いのち》なり、我を信ずる者は死ぬるとも活きん」。ラザロの死にし時マルタとマリヤを慰めてこれに力を与えたのはイエスである。弟子たちが師将《まさ》に死なんとすと聞いて憂いに沈みしとき、「汝ら心に憂ふる勿れ、神を信じまた我を信ずべし、吾が父の家には住家《すみか》多し」と、これを慰撫奨励せられたのである。

加うるにパウロの言った如く「死の刺《はり》は罪なり」であるから、罪なきイエスの死は我らの死の如きものであるべからざる道理である。これらの点から考えてみると、ある人々の説くようにイエスは死を恐怖せられたるものと考えることが出来ぬ。「わが神、わが神」云々と言われたことをかくの如く説くに満足を表するわけにいかない。

ここにまたある人たちは説明して言う、「わが神、わが神」云々は、詩篇第二二の首節である。この詩は苦痛甚だしき場合に神の助けを得、力付けられ、暗黒のうちに光明を認めて、気勢を引き立つることを得た意味を歌っている。すべてイエス当時の事情と境遇とに一致して、その自ら詠まれた歌とも見ることができるほどである。我ら時として物に触れ事に当りて、自己の意中を友人の詩や歌に寄せ、それを朗吟して思いをやることがある。それと同じようにイエスは十字架の上からその信念と希望とを言い表わすべく、詩篇第二二を唱えんと試みられたのである。それで詩の起句なる「わが神、わが神」と言い出されたのであろうか、その気力既に衰え声も微かになって、辺りの人には聞き取り難きほどであったであろう。それ故ただ詩の起句のみが明らかに聞えたのである。こういうふうに説明する人もある。やや面白い解釈だ。必ずしもそうでないとは断言し難い。しかし全くしっかりとした根拠のある考えでない。然りも否もこれに対しては水掛論に過ぎぬ「わが神、わが神、なんぞ我を見棄て給ひし」は意味のある言であるから、他にこれを否定すべき明白なる理由なくば、そのままこれを解釈してイエス当時の意中を表わしたものと考うるが、書物の読み方として最も穏当ではあるまいか。そうでないとあまり穿ち過ぎたこじつけの説を立てざるを得ないようになる。そんな無理をするにも及ばぬであろう。またこういう際どい場合に詩などを長々と朗吟せられようとも思われぬ。疲労甚だしかったため、始めの一句だけで後が続かなかったというが、イエスがそれほど弱っておられたとは思われない。海綿に酢を浸して飲ましめたと同に《（ママ）》勢い付きて、にわかに大声を発せられたとも思われない。未だ時高声に呼ばれるだけの気力を保っておられたろうと思われる。イエスは決して気息奄々《えんえん》声も絶え絶えに、虫の息ほどになられたとは見えない。盛んな気分を持ち続けておられ、息の根を止められたと言うよりも、むしろ自ら進んで息を引き取ったと解釈するのが穏当であろう。故に「わが神、わが神」の一語はある人々のように強いて附会した説明を下すに及ぶまい。語そのものの自然の意味に取った方が適当であろう。主イエスの御言に対しあまり老婆心に過ぎて、贔屓《ひいき》の引き倒しになるような論議をなすことは慎むべきである。かえってイエスの体面を傷つけるに陥るおそれがある。何故かと言うにイエスの道を信じてその理想や精神の流れを汲んでいる人たちは、ある人々の想像するイエスの死に際よりも、遥かに立派な死に方をしている。天草騒動の時に殺されたカトリック教徒や、その他いずれの時代の人たちでも、キリスト者は実に死を見ること帰るが如く、不思議なる平和を心に湛《たた》え、口に凱歌を唱えながら、帰省する如く、栄転する如く、進級する如く、奴隷の釈放せられた如く、一陽来復の如くに死ぬことが出来た。我らの熟知するうちにもかくの如き例は数多くある。皆これ主に在りて睡《うま》いした者どもである。

主イエス・キリストはこの死に対する気分や精神の本源で、我らもその御影で従容として死ぬことが出来る。しかるに何故イエスは死なんとするとき「わが神、わが神、なんぞ我を見棄て給ひし」と叫ばれたのであるか。初めの三時間に言われた三つの御言《みことば》は、既に説明を試みたように、如何にもおくゆかしく堂々としているが、第四の御言に至り俄然その調子が変って、それが歌ならば腰折れになったようにも感ぜられる。初めは脱兎の如く後は処女の如しで、前後不揃いの様である。どうして、かくなったのであろうか、イエスは神に対して信仰を失われたのであろうか、懐疑的になられたのであろうか進退これきわまるというような次第であったろうか。どうしてかかる言葉がイエスの口から出たのであろうか。弟子たちはよくもそれをそのまま遠慮なく書き遺したものである。何か世の人の容易に想像し得ない深い意味が、そのうちに含まれているのを看取したからであろう。それは如何なることであろうか。

ルウテルなどはこれ正しく神の怒りがひしひしとイエスの胸に迫り来り、その圧迫を感ぜられたものであるときっぱり言っている。この説に同意する人も決して少なくない。つまりこの時人間の罪悪絶頂に達して、その恐ろしい凄い姿が無遠慮に現れ出でたのである。しかして主はこの罪に対する神の思し召しを思いやり、恐懼《きょうく》措くところを知らず、そのままに過ぐべからずと感ぜられたゆえ、「父よ彼等を赦し給へ」とお叫びになった。この点は先日申し上げた通りである。ここに容易ならざる態度の神の方にあることが認められた次第で、身も世もあられず断腸の思いに胸も塞がれて、沈黙の三時間を経過されたあいだに、人のことを思い世の様を観るにつけ、神の御意《みこころ》如何にと推し測られたならば、その聖なる愛が如何に人間の罪によりて傷つけられたかに想到せざるを得られなかったであろう。人間の罪悪は神の愛に恐るべき反応を生じて限りなき苦痛を与え、極めて深き憂いを引き起こさしむるものである。そもそも人間の死は、動物がその生存の期間を過ぎて息絶えてしまうというだけの生理上の現象ばかりではない。恩愛の繋《きずな》が断ち切られるという、人情堪えがたい意味を持つのみではない。キリスト教の見地からすると死というこ とのうちには、もっと厳かな意味がある。それは罪に対する神の愛の反応として、その態度まことに恐るべきもののあるを看取するより生ずる方面のことどもである。罪は神と人とがついに断絶することである。しかして死はこの事実の象徴である。否、その宣告とも見られねばならぬ。人の死ぬるときに親しき人の顔や住み馴れた故郷が見えずなって、今までの世界と全く縁の切れるのみでない、罪のままで死なば神と縁切りになるのである、それでは神と全く離れてしまわねばならない、パウロが「死の刺《はり》は罪なり」と言ったのもこの意味からである。罪という刺の生えてあるままの死は手の付けられぬ恐ろしいものである。その刺さえ取り除くならば、死はさほど恐ろしいものではなかろう。これを見ること帰るが如く、眠るが如くであり得るのである。しかし刺のあるままの死ほど世に恐ろしいものはなかろう。たいていその意味が分からぬゆえ平気で死ぬ。時としては好きな熱を吹くものもある。死の刺は罪なりと言うような点などを考えて行くと死ぬほど難かしいことはない。これらの意味から死はイエスにとって大いなる難題であった。その刺であるところの罪のあるべきはずはないが、世の人の罪の痛みを感ぜられたのである。あたかも親族などに悪きことを行ったもののある場合に、こちらが自らこれをやったかの如く恥ずかしく感じて、世の中が真暗闇になったような気もするであろう。妻は夫のために、親は子のために、あるいは兄弟同士の関係から、自ら犯さぬ罪の結果をかくの如く経験するのである。これは人情で愛の働きである。人間は決して絶対的に個人主義を立ててとおすことの出来るものでない。社会は連帯関係である。この原則から主イエスも人間の罪の重さ、深さ、すべてその甚だしさを感ぜられた。他の語を用うればその刺の尖《さき》頭《き》が深くその霊魂《たましい》を貫いたのである。罪に対する神の愛の反応を真正面から最も深刻に感受されたのであるがため、しばらくの間、天の父の御顔を仰ぐこともでき難きに至った。人間同士なら差しうつむいて語も出し得ぬと同じように、神の前にいたたまらない如き感じをもせられたのであろう。それでしばらくの間は神の御顔を打ち目守《まも》ることも出来ず、身を陰府《よみ》に落されたかと覚えて苦痛を極めたる圧迫がその霊魂に加えられたのであろう。

我々にはそれほどの感じがない、これは第一精神上、甚だ無感覚で霊魂が麻痺しているからである。第二、よし死の刺なる罪を深く感じていても、その問題が既に主イエスの救いによって解決せられ、今は神と和《やわら》ぐことが出来、心に罪の救いを実験し、むしろ雲晴れ月輝き出でたような気分になり得るのである、しかしイエスの場合はこれと異なっていた。その十字架は我らのために、罪の救いをかち得べく、徹底的に死の刺の痛さ苦しきを感覚する際であった。イエスのお影で罪の重荷をおろされ、死の刺の尖頭《さき》全く鈍《なま》った我らの死とは全然違った性質である。そこで「わが神、わが神、何ぞ我を見棄て給ひし」と絶叫せられ、しばらくの間は神の愛の御顔をも仰ぎ見ることの出来ない状態に陥られたのである。御胸のうちはあたかもルカ伝に「日その光を失った」と記したようであったろう。憂悶と寂莫、言語にも、想像にも、及び難いほどである。しかしその際なお神にあこがれていよいよわが神、わが神よとこれに縋《すが》り付かんず有様で、少しもこれを疑わない。いよいよこれを慕う。とても離れ難く見えた。神がますます懐しい、ますます慕しい。どこまでもとこれに縋りつく、実に神の子たる孝道の極致がここに現れて、如何にも美《うる》わしく拝せられる。

かつてゲツセマネ園において「若し御意《こころ》に適《かな》はば、この杯を我より離らせ給へ」と祈られた。これを見ると非常なる苦痛はかねて期《ご》したることながら、目前に迫りつつありと見ゆるような事に至らずとも、世を救うべき道はありはせぬかと、考えられたものと察せられる。十字架上におけるこのわが神、わが神、何ぞ云々と言われたのも、同じような疑問から起った祈りである。何故かく甚だしき苦痛を味わわねばならないのであるか。神に離れて陰府《よみ》に落されるような物凄い経験は、何故また何のためであったか。その理由も目的も明瞭でない。実に不可解である。すべてこれ何故ぞと。天の父にその解決を哀《かな》しみ請われたのである。

無論理由や目的の明瞭ならぬ場合にも、神に任せるのが人の道である。信仰はそうなくてはかなわない。イエスも神に任せておられたのである。決して神を疑われたわけではない。信仰は少しも動いておらぬ、しかしそれにしてもわけを知りたい。何か意味があろう。他に行き方もあろうのに、かく行かねばならないというは如何なる仔細であるか。この問題が明らかになったならば、胸の雲も晴々するに相違ない。さてこそ主はかくの如く叫ばれたのであろう。決して不平や怨みではない、疑いではない。反抗心を懐いて、みだりにねじくれた意味でない。「神よ我爾の旨を為さんが為に行く」とヘブライ書に書いてあるが、主イエスの御志である。すべて神のまにまに進むべきで、何ごとも厭《いと》わざる御決心であった。しかし主は「若し御意《こころ》に適《かな》ふならばこの杯を我より離らせ給へ」と、如何なればこういうふうに進まねばならないのであるか。それを知りたいと思し召されたのである。

こういうことは誰にもある。めいめい色々辛いことがある。そのわけが何ほど分からなくとも好いとて平気を装うのは薄情である。たとい分からぬことでも信じて静かに解決を待ち、神が必ずこれを説明せらるであろうと思えばこそ、いくらかでも慰められるのである。それをただ放って置けがしに取り扱うのは人情ではない。あまり不真面目《まじめ》である。愛するものなどの身に悲惨な事のあった場合はそれを問いたくて堪らない。決して神に反抗するわけではない。無論神の愛を信じている。けれど如何なる思し召しでかくせられたのであるか。この出来事は何を意味するか。それを知りたいと思う。その解決を望むのが当然である。たしかに不可解は苦痛の一つで我らの鍛錬にもなる。神がしばらく不可解の苦痛をもって我らを鍛錬せられる場合も多い。鍛錬が終了して、もはや卒業するという時期至らば不可解の雲も晴れて、苦痛はすっかり取り去られるであろう。しかしそれまでに達しないうちも、しきりに知りたい。イエスがそうであった、その叫ばれた「何ぞ」は神を信じてその解決を期待せられた意味である、決して絶望した怨み語ではなかった。沈黙三時間主イエスは文字のように神に棄てられた如き思いさせられたのである。しかし「見棄給ひし」だから、それは過去のことである。苦痛の峠、すでに越え来って、胸も張り裂けんばかりの憂悶ようやく解け始めたとき、事の経過を顧みて、何故かくはと問題を提出せられたのであろう。

確かに神はこの信仰深い、最も健気な従順な態度を嘉《よみ》せられ、十字架の上から天と地とに投げかけられたようなこの「何故」ぞをお解きになったものと思われる。これに対して心行くばかりの解決が上から与えられたであろう。決して神はこの「何ぞ」を無下にお斥《しりぞ》けにならなかった。「何ぞ」が十分に解き示されて白日青天、心の雲霧も全く晴れて、あたかも詩第二二の七「地のはては皆想出してエホバに帰り、もろ〳〵の国の族《やから》はみな前《みまえ》に伏拝《ふしおがむ》べし」とある如く、十字架の苦痛はすべてこの詩の如き結果をもたらすためにやむべからざる、当然の順序、理義の極致、神の恩寵の絶頂であって、人類の救わるる唯一の道ここにありということが明瞭に会得せられたのであろう。

ここで「我れ渇く」という次の御言が出た。「わが神、わが神、何ぞ」云々は、心の苦痛を意味した語であるが、これは肉体の苦痛に関係している。三時間の精神的苦痛既に過ぎ、これにつきての疑問も解決されたとき、あたかも火事の鎮《おさま》った後踏抜《ふみぬき》が急に痛み出すように、初めて肉体の苦痛に気付かれたかの如く「我れ渇く」と仰せられた。かくて御苦痛は霊魂《たましい》にも肉体にもわたたって身を犠牲として完全に捧げられたのである。遂に一と口喉《のど》を潤された後、大声を放って、「事了《おわ》れり」と叫ばれた。実に十字架の勝鬨《かちどき》である。「何ぞわれを見棄て給ひし」と愁しみ訴えられてから、この雄叫びまで、あまりその間がない。心の苦痛も終り、問題も解け、贖罪の功成り、その意義も解釈せられて、胸が晴れ渡った。そこで肉体の苦痛も出て来たが、それを物の数ともせられず、海綿に酢を浸したる飲料《のみもの》を聞《きこ》し召したとき「事了れり」の凱歌をあげられた。読むのみでも心地好きことである。かくて「父よ吾霊魂を汝の手に托《あづ》く」と言われて、瞑目せられた。誠に不思議な死である。我々も愚かながらこれを考えると、さもありなん、さてこそと首肯《うなず》かざるを得ない。

（一九二三年三月）

（『日本の説教 2　植村正久』日本キリスト教団出版局、二〇〇三年所収）

植村正久《うえむらまさひさ》（一八五八―一九二五）

植村正久は、一八五八年（安政四年）一月に江戸の芝露月町に旗本植村禱十郎の長男として生まれた。明治維新が起こり、新時代に対応すべく、一家を挙げて横浜に移住した。正久は一八七二年、バラ塾に入った。英語を学ぶためであった。ちょうど、宣教師バラの指導による初週祈禱会が行われたときであり、植村もこれに参加、バラ自身が驚いたほどの霊的な出来事が参加者のこころを捉え、祈禱会は夏まで継続した。ここに後に横浜バンドと呼ばれた青年信徒集団が生まれた。正久は、やがてバラ宣教師から洗礼を受けた。一八七三年、一五歳のときである。

入信が直ちに伝道者としての召命意識を呼び起こし、伝道者となるべく学び始める。一八七三年、ブラウン塾と呼ばれた英学校に入学、同校が築地神学校と合併、東京一致神学校となった。学び続ける間にも、既に各地における開拓伝道に熱心に従事した。一八七八年、学業を終え、日本基督一致教会の教師試補となった。このとき、あまりに弁舌がたたず、宣教師たちが、植村が説教者になることに反対し、井深梶之助など友人たちがとりなしてようやく合格したことは、よく知られている。吃音があったし、発音が不明断であったらしい。あまつさえ、ある宣教師から「お前は初対面の印象が悪いから甚だ損な人だ」とまで言われたようである。容貌が伝道者向きでないと言われたのである。ただ、弁舌は立たなくても文筆はすぐれているという評価を得ていた。若いときから読書好きであり、文学的才能にも恵まれていたのである。しかし、それが最初から発揮されたわけではなかった。任職三十年記念の席で植村正久が語った言葉がある。「伝道の職を奉じて三十年、之を考へると、何所に逆潮が寄せ、逆風が吹いて居たか。何所に最初の印象が不利益であったか。跡方もない。神の恩恵によって万事が祝福せられ、多くの好い朋友に助けられたことを只鮮かに見るのみである。僻み根性を恥づる。……〔伝道が〕好きである。下手の横好きであったかも知れぬが。下手でも無能でも好きだと云ふことは自らも許して居る。もっと神の道に貢献したいと思って居る」。そこに、やがて独特の魅力を持つ説教が生まれていたのである。

一八七八年准允、下谷教会牧師。名古屋、高知でも伝道。一八八二年、山内季野と結婚。一八八五年、東京麴町で伝道開始、一八八七年、一番町教会を建設。これがやがて富士見町教会となり、植村は終生、この教会に留まることになる。翌年から一年、米国、英国に外遊。帰国後、組合教会との合同を試みて失敗し、一八九〇年、日本基督一致教会は日本基督教会となり、信仰告白を定めた。この間、一八八〇年には、新しく生まれつつあった知識階級におけるキリスト者運動のために、小崎弘道などと共に東京にキリスト教青年会を結成、文化的な雑誌「六合雑誌」を刊行。一八八四年には、二六歳にして最初の神学書『真理一斑』を刊行、八八年、『福音道志流部』を刊行した。また聖書翻訳に協力、詩篇、イザヤ書などの翻訳に携わり、また讃美歌編集にも協力している。積極的に文筆活動を始めていたのである。この頃は、いわば日本におけるプロテスタント教会の草創期であり、次々と諸教派の教会が生まれ、伝道は活発になったが、一八九〇年頃から教育勅語渙発などに示されるような国家体制の強化に伴い、内村鑑三不敬事件が起こり、「教育と宗教」をめぐる論争が始まり、植村も活発な論陣を張り、預言者的姿勢を崩さなかった。問題の説教も訥弁に克つ独自の説教のスタイルを確立していった。この頃、雑誌「日本評論」と共に週刊誌「福音週報」が発刊され、植村は、その主筆となり、それに説教が掲載されるようになり、そのおかげで、説教が後世に残されるようになった。

一九世紀から二〇世紀への転換期、この時期、植村の牧した一番町教会も教勢が大いに進展した。植村は日本社会と文化に適応した、改革派の信仰を堅持しつつ、いささか緩やかな長老制度の教会を育てようとした。何よりも伝道を活発にする教会であろうとし、日本各地で伝道を開拓、教会を建設した。一八九四年、日本基督教会伝道局条例改正を行い、外国ミッションからの独立、傘下諸教会の総合的統率の強化を志した。日本人の手による日本伝道と教会形成を強調したのである。この頃、本郷教会の強力な説教者であった海老名彈正と、キリストの神性をめぐるキリスト論論争が行われ、一九〇二年にまで及んだことも記憶されるべきである。翌一九〇三年、長く教鞭を取ってきた明治学院教授職を退く。一宣教師と神学的に軋轢を生じたからである。これもまた日本の教会の自立を願う植村らしい事件であった。一八九八年、著書『信仰の友』を刊行し、更に、一九〇一年、『霊性の危機』を刊行している。これらは、いずれも「福音新報」に掲載された説教その他の文章を集めたものであるが、一種の説教集と見ることができる。すぐれた書物であり、特に『霊性の危機』は、改めて復刊を求めたいほどのものである。

二〇世紀に入って間もなく日露戦争となった。戦争勃発の頃、独立自営の神学校である東京神学社を創設、二年後には校舎も建設した。また一九〇六年には、一番町教会は新しい土地を与えられて新教会堂を献堂、現在の富士見町教会となった。また伝道局を指導して多くの伝道者を派遣し、日本伝道のために献身した。この時期、実に多くの教会が生まれている。石原 謙は、この頃の植村正久にとって伝道が第一であり、そのためには、教会の経営も教派の存続も眼中になく、そのために「無教派的非教会的な傾向」すら現れたと見ている。更に石原は、初期から顕著に見られた文学的関心が退き、植村にとって「宗教は、……純粋に霊的世界に生きる裸な姿たるべきもの」となったと言っている。「老齢と共に円熟した植村は醇化した宗教的人格として聖者の面影を帯び、ひたすら信仰と宣教とによってのみ生きる神の人、主を仰ぎ主の霊に支えられて奉仕する聖なる僕として、政治や社会から浄化されるに従い、文学や芸術からも超脱して、ただ神的栄光に輝く高次の生に達したかのように見えるのである」。熊野義孝も植村のこの頃の説教を高く評価している。この時期にも、一九一九年には、「福音新報」掲載の文章を編集し直した著書『祈の生活』が刊行されている。これも一種の説教集である。

一九一一年、大逆事件で刑死した大石誠之助の葬儀を教会で行った。同年、日本基督教会から派遣され、二度目の欧米訪問をしている。一九二一年には日本基督教会創立五〇年記念大会を開催、その記念伝道をしている。またこれに伴い、三回目の欧米旅行をしている。帰国してからも全国巡回伝道を繰り返した。一九二三年、伝道旅行のさなか、関東大震災に遭い、教会堂も神学社校舎も焼失、他の諸教会の教会堂再建のためにも奔走した。翌二四年、有志の好意で、淀橋柏木の地に住居を与えられ、年末移転、しかし、二週間後、一九二五年一月八日、孫のために卵焼きを作りながら、心臓発作のために急逝した。六七歳になる直前であった。この時期、『信仰の生活』が刊行された。たちまち版を重ねたようである。逝去一年前のことである。

植村正久の説教は、『植村全集』第一巻から第三巻までの三巻、『植村正久著作集』第七巻などによってかなりの数のものが伝えられている。残された説教で、実際に語られたものを速記して残したものもあるが、多くは改めて書き直されたものである。主日に説教をした後、月曜日に、それを改めて語り直し、筆記させ、更に筆を入れた場合が多い。「読む説教」として植村自身が整え直したのである。

植村の説教については多くの評価の言葉が残っている。何よりも富士見町教会という自分が牧師をしている教会で語られたものが高く評価されている。伝道集会、雄弁大会などでの言葉は野次り倒されて退場したりしたこともあり、失敗もあったと言われる。エヴァンジェリストであるよりパスターであったというのである。植村正久の説教を一六年間、忠実に聴き続けていた英文学者斎藤勇《たけし》は書いている。「そして植村の地味な、しかし深みのある説教に心を引かれた。十字架による贖罪の尊さをしみじみと考えさせる説教には、いつも私の魂を導く不思議な力がある。そして彼の用語は誰にでもわかるものであり、しかも意外な肝銘を与える内容をもつ表現であることが、決して稀ではなかった。例えば『鯛の腐ったのはサンマの腐ったのよりも鼻持ちがならない』というのは、キリスト教をかじった『精神界の風流漢』を諷した言葉であるが、……このたぐいの言いまわしのうまさは、植村が漢詩漢文のみならず国文にも親しみ、かつ講談などにも興味をもっていたことにも因るのであろう」。

植村は「手続に終る伝道」という短い文章で書いた。「今日基督教の伝道を見るに、西洋基督教文学の御蔭に由り、其の霊性上及び倫理上の作用詳細に知らるるの便あるを以て、贖ひの手続、信仰発達の順序、霊性上の実験を試みるの方法等に至るまで畠水練の如き講釈は甚だ盛んなれど、実際はそれほどにも行かざるを嘆息するのみ。……特に注意すべきは説教の調子にぞある。多くは基督如何にして人を救ふや、信仰は如何にせば養はるるや等の順序方法を分解的に講釈するに止まり、基督自身を紹介し、其の恵を真正面より宣伝して人の信仰を催すの気合に乏しと謂はざるべからず。宛ら庸医が病人の傍にて病理解剖の講釈のみ事とするに同じ。余輩は説教及び凡ての伝道が今一段直接になりて、切に人を勧め誘ふの分子多からんことを望む。即ち人を教へんとするよりも、寧ろ人を悔改に導かんと試みるものならざるべからず」。この痛烈な文章は情熱的である。植村の説教そのものが、この情熱に貫かれるものであった。

ここに掲載する説教は、一九二三年三月に説教したものであり、逝去二年前のものである。マルコによる福音書第一五章が伝える主イエスの叫びに集中したものである。精読するに足る。この説教が生まれるまでの黙想の深さを思う。神学的考察は深く、高度であり、このような説教をする説教者もさることながら、このような説教を聴き、理解する聴き手としての教会が育っていたことに驚きを禁じ得ない。今日の説教の水準をも抜いている。かなり長い説教である。ルターの十字架理解も正確に会得しており、ここで「人間の罪悪絶頂に達して」いると言う。カルヴァンに始まる改革派の十字架理解も承知しており、ここで既に陰府降下も起こっているかのごとくである、と言う。ここに「神の恩寵の絶頂」を見ている。ここに日本の説教者が語り得た十字架の説教の頂点を見る。

荘厳なる神秘

高倉徳太郎

マタイによる福音書　第二七章四〇、四六節

一

今週は主の御受難をしのぶべき受難週にあたっている。それを迎えるために我らの心の準備がなければならぬ。自分は前掲のマタイ伝第二七章の二つの個所を考えることによって、そのよすがともしたいと思う。「宮を毀ちて三日のうちに建つる者よ。もし神の子ならば己れを救え、十字架より下りよ」。十字架上のイエスを、往来の人々、傍観者たちが、「お前がもしほんとうの、いわゆる神の独り子であるというなら、今すぐに十字架からおりて見ろ」と罵っているのである。祭司長、学者、長老たちも、この民衆の語に和している。「ふだんは大言壮語しながら、今となっては何たるみじめな態だ」というのである。最後

にはイエスとともに十字架につけられた強盗までが、同じ罵りをしている。

この、イエスを取り囲める者どもの言葉、「汝もし神の子ならば」は、かの荒野の誘惑において、イエス御自身にも起こった心持ちであった。「汝もし神の子ならば、命じてこれらの石をパンとならしめよ」(マタイ伝四・三)。「なんじもし神の子ならば己が身を下に投げよ」(同四・六)。イエスにも、汝もし神の子ならば奇跡を行なって、受難の道を歩むことなく、メシヤの力を発揮せよとの思いが、瞬間ではあったが、襲ってきたのである。神の子、神の独り子と十字架とを切りはなし、相容れないものであるとする考え方、今やイエスの十字架をとりかこめる人々の抱けるごとき考えが、瞬間ではあったが、荒野のイエスの心をしめたのであった。しかしイエスはこの考えにまったく打ち克つことができた、サタンとの戦いにおいてまったくこの誘惑に打ち克たれたのである。イエスにとっては今や、自分が、神の子なるが故に十字架をさけるのではなくて、神の子なるが故に、十字架の運命を負うのであった。この意識が、イエスの御生涯のすべてを一貫せる精神であった。これがイアン・マクラレンがいうところの Christ-must である。この内的必然によってイエスは十字架の道をたどられたのである。

イエスが、自らの苦難、十字架について語られた時、ペテロはイエスを傍に引いて、「主よ、しかあらざれ、このことなんじに起こらざるべし」(マタイ伝一六・二二)と戒めた。その時イエスは、「サタンよ、我が後に退け、汝は我が躓物なり、汝は神のことを思わず、反って人のことを思う」(同一六・二三)と言ってペテロをしかられた。この主の御言葉、態度にあらわれておるごとく、イエスは神の独り子にてありたまいしが故にこそ、十字架の道を厳かにも歩まれたのである。イエスの御生涯、御生活を十字架からきりはなすことはできない。実に十字架は主の御生涯の本質にかくも深く根ざしておるものである。

二

　しからばこの十字架、その内的必然にかられて主のとりたまいし十字架の内容はいかなるものであったか。これは聖書のいたるところにおいて見出し得るのであるが、マタイ伝の第二三章の三七節以下などには、ことに十字架の内容をしのばしめるものがあると思う。ルカ伝の同様の記事と対照して見ると、イエスは多分オリヴ山の上から足下のエルサレムの市街をのぞんで、それのために泣きたもうたのである。ラザロの死にのぞんでイエス涙をながしたもうたと記されておるが、ここにおいては、イエスは声をあげて泣きたもうたのであった。少し前に、エルサレムの民衆はイエスの入城を祝って、「ホサナ」とよんだ。しかしイエスの心は淋しかったのだ。イエスは、彼らの心の本質をまざまざと見たもうたのだ。そして今や、イエスは、エルサレム、光かがやくうるわしき都エルサレムの、やがて破壊せられて廃墟となるを思っては涙なきを得なかったのである。イエスの関心事は、エルサレムの外形的な運命ではない。否、エルサレムの外的破壊のごときは、イエスにとっては大したものではなかったのである。イエスの苦しみ、イエスの御なげきはかかって、エルサレムの同胞の魂の運命にあったのだ。「ああ、エルサレム、エルサレム、預言者たちを殺し、遣わされたる人々を石にて撃つ者よ、牝鶏のその雛を翼の下に集むるごとく、我なんじの子どもを集めんとせしこと幾度ぞや、されど汝らは好まざりき」（マタイ伝二四・三七）。

　形体の廃墟ではない、魂の廃墟が、イエスの御なげきであったのだ。エルサレムの同胞の、イエスを囲める者どもの、神への無頓着、神につばきをはきかけるような態度、あれすさんだ魂の廃墟、五つのパン、二つの魚をもってやしなわれた数千の民衆は、腹の満足という奇跡以上にはその霊の目は開かれなかった。

ヘロデの心、サドカイの世俗的精神、祭司やパリサイの徒の形式的、機械的宗教生活、それらによって民衆は導かれているではないか。十字架を眼前にこれらのことどもを思われ、イエスは声をあげて泣きたもうた。集めんとしても、それを好まざる愚かなる雛のためにイエスは号泣したもうたのだ。かえりみて自分の弟子のうちにすら、イスカリオテのユダがあるではないか。ペテロ、ヨハネさえもその肉弱くして主の心を知り得ないではないか。イエスのごとく神に忠実、従順、敏感にして愛にみてる心にとって、これは堪えがたいことであった。人々の心は聖なる神に無頓着である、神の聖なる愛をこばんでいる。肉の十字架はイエスにとって大したことではなかった。ただこの聖なる神の愛をふみにじる者どもの心が、イエスをして堪えがたき思いを抱かしめたのである。十字架を前にしてイエスのこの思いは、ひしひしとその胸にせまったのである。

三

かく、イエスの十字架の内容をおぼろげながら推察する時、我らはその内的必然によって十字架にかかりたまいしイエスが、その十字架上に発せられた謎のごとき言葉「我が神、わが神、何ぞ我を見棄て給いし」（マタイ伝二七・四六）の語に行きつくのである。これはイエスの御言葉のうち、最も神秘的なるもの、謎のごときものである。これは、「荘厳なる神秘」である。とうてい我らは十分その意味をさとるを得ざるものであるが、その一端にふれて見たいと思う。

十字架上にイエスの叫ばれたこの「エリ、エリ、レマ、サバクタニ」の語によって、我らの想像し得るのは、たしかにこの時、よし瞬間にしても、イエスには神の御顔がわからなくなった。今までは常にイエスの全存在をてらしていた神の御顔に雲がかかった。神の御顔がまったく包まれ、この瞬間、イエスは暗黒のどん底にすてられたもうたということである。どこにこの瞬間ほど荘厳なる悲劇があろうか。十字架上にその肉をさき血を流したもう、この肉の苦しみも、もちろん、我らの想像以上のものである。しかし単に肉の苦しみのみとならば、我らの信仰の祖先にもなお徳川初期において、イエスのそれにおとらぬ苦しみをうけた者があるではないか。

イエスにとっては肉体の苦しみはさして重大なるものではなかった。重大なるは、主イエスのその時の魂の問題であった。いつも「父の我におり、我の父におる」（ヨハネ伝一〇・三八）の意識を持ちたもうたイエス、ヨルダン河畔の洗礼において、「これ我が愛しむ子、わが悦ぶ者なり」（マタイ伝三・一七）との天来の声をきき、変貌に際しては「これは我が選びたる子なり」（ルカ伝九・三五）との御声にふれたまいしイエス、神との交わりにおいて髪の毛一筋のすきもなかったイエス、その主が今や暗黒につきやられたとの深刻なる思いを経験したもうのである。イエスにとってはこれが最大の十字架であった。聖き神の前に立ち得ないとのこの悲痛なる十字架、これこそ、主イエスの十字架であった。

イエスは罪なき羔羊としてまったくしみもけがれもなき心もて受難の道をたどられ、今や十字架にかかりたもうた。我らをしてまずイエスの心のうちに食いいれる孤独を思わしめよ。わずかの者をのこしたほかは、ほとんどすべてイエスの敵であった。彼を多少なりとも理解しておるべきはずの十二人の弟子さえも、イエスの十字架の心をさとり得ない。敏感なる愛にみてるイエスにとって、これは堪え難き淋しさであった。しかしイエスはひとりでなかった。父なる神が、彼とともにありたもうとは、ぬき去り得ない彼の意識であった。しかし、今はこの最後のもの、父との交わりも、うばわれたのである。実にイエスは「エリ、エリ、レマ、サバクタニ」の語において、人の罪を自分自身に負われたことを、もっと適切に言うならば、イエス自身が罪となられたことを言いあらわしておられる。パウロの語をかりるならば「神は罪を知りたまわざりしものを、我らのかわりに罪となしたもう」（コリント後書五・二一）たのであった。民衆の無頓着、その軽薄な付和雷同、傲慢、利己心、主を売るユダの心、イエスの十字架の秘義にふれ得ざる弟子の弱き心、敏感なる愛にみてるイエスは、これを己れのものとして感じたもうた、自らをその罪と一つであると思いたもうた。この時、イエスは神の前にはばかった、畏れおおきを感ぜられた。自分は神から最も遠く、神からしりぞけられておることを実感したもうたのである。主の受難を思うごとに、我らの心を惹くものに、イザヤ書の第五三章がある。

「まことに彼はわれらの病患をおい、我らのかなしみを担えり。しかるに我ら思えらく、彼はせめられ神にうたれ苦しめらるるなりと。彼は我らの愆のために傷つけられ、われらの不義のために砕かれ、みずから懲罰《こらしめ》をうけて、われらに平安をあたう、そのうたれし痍《きず》によりてわれらはいやされたり。われらはみな羊のごとく迷いておのおの己が道にむかいゆけり。しかるにエホバは我らすべての者の不義をかれのうえに置き給えり」（四―六）。

第二イザヤのこの預言、罪なき羔羊が、罪そのものとなって神の前にたたれた時の実感、それこそ、「我が神、わが神、なんぞ我を見棄てたまいし」の叫びとなって発したところのものである。

かく思う時、人間の罪の結果が、いかにシリアスなものであるかに思いいたらざるを得ない。我らの神への無頓着はいかに深刻なる結果を生むか。「罪の払う価は死なり」（ロマ書六・二三）。罪は、最も深い悲劇を生むものである。実に、人間の罪悪の結果は、深刻すぎる恐ろしさをもって、イエスのこの語、「エリ、エリ、レマ、サバクタニ」なる叫びのうちに言いあらわされておるのである。

四

かくこの十字架上のイエスの御言葉を思う時、この御言葉はただにイエス自身の十字架なるのみならず、神の心にある「永遠なる十字架」(eternal cross)を最もあざやかにあらわしておるのを知るのである。世の創《はじめ》よりありし神の御なげきと苦しみ、神への無頓着に対する神の永遠の十字架、それが、イエスのこの語に最も力強くあらわされておる。実に、神自身がキリストにおいて、神自身のうちに叫ばれた叫びこそ、この御言葉である。言いかえるならば、神はキリストにおいて、我らの最も恐ろしき悲劇なる罪そのものを、自らの責任と感じておられるのである。ヘブライの詩人は歌った。「日毎に我らの荷をおいたもう主、我らのすくいの神はほむべきかな」(詩篇六八・一九)。日毎に我らの荷を負いたもう主、神の心のうちには、永遠にほうむられたる羔羊があった。それが今、十字架において、「エリ、エリ、レマ、サバクタニ」の叫びを叫ぶのである。ウィリアム・テンプルはいう。「キリストが、自ら神よりすてられしと感ぜられた瞬間ほどに、神性《ゴッドヘッド》がキリストにおいてゆたかに啓示せられたことはないのである」と。実に至言である。

我らの重荷を負いたもう神は、キリストの十字架においてこの叫びをされた。我らの罪の責任を神自身が負われたのである。「エリ、エリ、レマ、サバクタニ」において、「神の永遠の十字架」が叫ばれたのである。そしてこの叫びのうちに世界と人生における最も深い実在をみるのである。

五

なお進んで、この叫びのうちにこめられておる秘義を思う時、我らは、罪というものは、裁かれるものである、一点たりとも曖昧にされ得ないものであることを感ずる。「己が播くところのものは、その刈るところのもの」(ガラテヤ書六・七)となるのである。我らの罪は、イエスをして、神の独り子なるイエスをして、神の御顔を仰ぎ得ざらしめたのである。我らの無頓着、傲慢、利己心は、この深刻なる結果をまねいたのであった。しかもこの十字架において、神自身、我らの罪を負いたもうた、その盃の最後の一滴までものみほしたもうた。神は、幾度キリストにおいて我らを集めんとしたもうたであろうか。牝鶏がその雛を集めるごとくに。ほかの愛には執着がない。しかしイエスにこの叫びを叫ばしめた神の愛は、宇宙的強さとしぶとさをもてる愛である。我らの罪深ければ深きほど神の執着はより大である。我らキリスト者にかけたもう信頼や大なりというべきである。キリストの十字架において、我らの罪は審判をうけている。我らはその前に立ち得ないのである。利己心、傲慢、無頓着、不遜、自分の足でひとり立ちできると思う思いあがり、それらが、一言の弁解もなく、ここにさばかれているのである。しかもここに神の聖なる愛、罪の赦しをみるのである。

神は最も深刻に罪を問題としたもう。罪は神にとって最大の問題である。十字架の光のもとに罪をみる時、実にその結果のシリアスなるを知る。罪は必ずさばかれるのである。しかも罪あるにかかわらず、罪人らをそのもとに集めんとしたもう神は、赦しの神である。彼は罪の最後の一点までも負いたもうのである。さばかれて赦される。否定されて肯定されるのである。さばきなくして真の赦しはあり得ない。

最後に我らキリスト者にとってChrist-mustは我らのmustでなければならぬ、十字架なきクリスチャンは偽物である。我らは神の前に罪の厳粛さを思い、それを悔いるとともに、キリストのmustを自分のmustとさせていただき、多少なりともキリストの悩みのかけたるをおぎなう心を与えられたいと思う。

我ら、霊魂の健忘症患者にとって、毎年受難週を与えられることは、おごそかなる祝福である。十字架を思いめぐらし、小さな、ささやかな、我らの生涯を、キリストのものとしてささげたいのである。

（一九二六年三月二八日）

（『高倉徳太郎著作集　第四巻』新教出版社、一九六四年所収）

高倉徳太郎《たかくらとくたろう》（一八八五―一九三四）

高倉徳太郎は、一八八五年（明治一八年）四月二三日、京都府綾部町に、高倉平兵衛、さよの長男として生まれた。父はキリスト者であった。両親は徳太郎が五歳のときに離婚している。このことが徳太郎に大きな傷を残したと推測するひとが多い。三年後、二番目の母起美子が入籍したが、六年後に急逝している。その翌年、起美子の妹の千代子が第三番目の母となった。

徳太郎は地元の小学校を経て、東京の正則中学に学んだ。一九〇三年、金沢の第四高等学校（当時は高等中学と称したようである）に入学、最後の一年は西田幾多郎らが創設した学生寮、三々塾に入っている。四高になぜ入学したか、西田とどの程度の交流があったか、私はよく知らないが、師弟の関わりにあったことは確かである。旧制高校特有の雰囲気の中で、青年高倉は夢多く、悩み多き思索を重ねたのであろう。卒業に当たって、三々塾の記念帳に「最も愛すべきものは自己なり」と記したことは高倉自身が語っており、よく知られていることである。

一九〇六年、東京帝国大学法科大学独法科に入学した。故郷の期待を担い、当時の青年の出世コースに入ったのである。外交官を目指したとか、政治家を望んだと言われる。既に金沢にいた頃、教会に関わりがあったらしいが、詳細はわからない。上京してから幾人かの説教者の言葉を聴いている。しかし、そこで最も深い感銘を受けたのは富士見町教会の牧師植村正久であった。激しく、威圧的であるが、「熱誠なる説教は実に我が心を奮発せしめる」と両親への手紙に書いている。そして上京した年の一二月二三日、降誕主日に植村牧師から洗礼を受け、富士見町教会の会員となった。植村牧師の説教に深く養われ、神学に対する関心が高まった。植村も高倉を評価していた。

一九〇八年、大学を中退、父の意思に逆らい、植村が校長であった東京神学社に入学した。このため既に婚約者がいたが、その関係も絶えた。一九一〇年、神学社を卒業、富士見町教会伝道師となった。途中、一年兵役についている。一九一二年、植村牧師の紹介で知った世良専子と結婚、一男四女を与えられている。同年、按手を受け、一九一三年、京都吉田教会牧師となったが、同じ年の秋に、北海道札幌市の北辰教会（現日本キリスト教会札幌北一条教会）の牧師となり、五年間在任した。伝道は進展し、教勢は伸び、説教者としても評価され、幸いな五年間であった。

一九一八年、東京神学社教師となるべく上京、爾後、同校教師であり続けた。一九二〇年から九か月、鎌倉教会（現鎌倉雪ノ下教会）に毎週通い、説教をし、教会の基礎を築いた。一九二一年、最初の説教集『恩寵の王国』を聖書研鑽社から刊行、そして英国に留学した。エディンバラ、オックスフォード、ケンブリッジに各一年滞在、読書と思索に集中した。特にカルヴァンの神学に親しみ、またフォーサイスを読み耽ったと言う。二四年帰国、留学の成果に基づく第二の著書『恩寵と真実』をコズモス書院から刊行、さらに訂正版を長崎書店から刊行した。ついでに言えば、やがて一九二七年、著書『福音的基督教』を同書店から刊行し、代表作となった。高倉のキリストの恩寵のみを強調する神学論理も整い、福音の確かさを語り、当時のキリスト者たちに広く受け入れられるものとなった。

帰国後、東京神学社で教えるとともに、一九二四年六月一日、大久保百人町の自宅で、二五人の信徒とともに礼拝をしたのが最初となり、伝道を開始した。やがて戸山教会を設立、その説教が人びとを魅了し、青年男女を中心に多くの者が集まった。一九二五年、植村牧師死去。高倉は、その後任として、東京神学社校長となった。また富士見町教会牧師の後任後継者として高倉の名が上がったが、反対者が多く、招聘されることはなかった。これに不満を抱いた富士見町教会のほぼ百名の会員が戸山教会に転入してきた。そして一九三〇年九月、現在の信濃町に教会堂を建て、信濃町教会の歩みを始めたのである。

高倉の説教は、特に青年たち、またインテリ、知識人たちを多く招き、教会は急速に成長した。多くの若者が伝道者になることを志し、あるいは女性は伝道者の妻になることを願ったと言う。また一般信徒も神学に関心を抱き、教会内に神学を学ぶ信徒も育った。ドイツ語圏の「神の言葉の神学」に呼応した、日本における福音主義神学の営みの、神学校とは別の拠点となった。また学生伝道のひとつの拠点ともなり、教勢は盛んとなった。既に高倉に深く傾倒し、協力していた信徒の枡冨安左衛門創刊による雑誌「聖書之研鑽」(最初は「聖書之講義」と称した)が長く刊行されていたが、それを引き継ぎ雑誌「福音と現代」を一九三一年に創刊し、広く読まれた。また説教集を、次々と長崎書店から刊行している。『恩寵と召命』(一九二六年)、『神の愛と神への愛』(一九二八年)、『祈禱の戦場』(一九二九年)、『決断的信仰』(一九三〇年)である。

神学校の校長であり、当時の神学の指導者であり、しかも盛んで様々な動きをする信徒を抱えた当時の大教会の牧師であるということは、ただ多忙な生活を強いられるだけではなく、絶えず緊張を強いられ、大きなこころの重荷となったのであろう。盛んな活動は長続きせず、こころが病むようになった。心身が衰え、うつ病に悩んだのである。一九三〇年、東京神学社は、明治学院神学部と合併

（後に東北学院神学部が合流）し、日本神学校となった。一九三三年、休養を余儀なくされ、四月一六日、復活主日の説教が最後の説教となった。翌一九三四年四月三日、退院直後、自宅で自死した。もうすぐ四九歳になるところであった。

植村正久に指導されて始まった説教を重んじる日本基督教会の伝統は誰よりも高倉徳太郎によって継承された。説教によって教会を形成したひとである。しかし、高倉の説教は独自の迫力を持つものであった。高倉においては〈神学すること〉と〈説教すること〉、神学の学びをするデスクは、説教卓と直結すると考えられた。しかも、説教の言葉は、常に未信の聴き手のこころをも撃つ情熱と迫力があった。説教者の存在、その生き方とは無縁のところで紡ぎだされる論理や言葉ではなく、むしろ、自分の存在、いのちを注ぎ出すところに生まれる言葉を語ったのである。その意味では説教者の自己は隠されることなく、むしろ自分自身をさらけ出す説教であった。高倉は校長として神学生の説教の演習を指導した。その際に学生に求めたのは、何よりもアッピールすることであった。他の点で未熟なところがあったとしても、聴き手にアッピールする言葉を聴くことを喜んだと言う。自分がアッピールする説教をするようにこころ掛けたことは言うまでもない。そして実際にそのような力で訴えることができたのである。

高倉は、もちろん聖書の言葉を重んじ、聖書の言葉を説いた。しかし、だからと言って講解説教の方法を取らなかった。主題説教をしたのである。しかし、説教する主題は常に教理的であった。説教することによって、教理を説く自分の言葉を整えて行った。高倉にとって教理は、何よりも説教によって語られるべきものであった。説教によってアッピールする言葉として語られるものなのである。

かつて東京神学大学の実践神学の担当であった平賀徳造教授が、説教学の講義の中で、いわゆるゴールデン・テキストと呼ばれる聖書箇所を安易に説教するべきではない、という忠告をしたことがある。そしてもしゴールデン・テキストを説きたかったら、高倉徳太郎牧師の「荘厳なる神秘」を学び、それに負けない説教をしなさい、と付け加えた。高く評価していたのである。ここに紹介するのは、その説教である。戸山教会で伝道を始めて間もない一九二六年三月二八日、棕櫚の主日の礼拝で語ったものである。高倉牧師は、ちょうど四〇歳。最も盛んな時であった。高倉はきちんと完全原稿を作り、それを朗読するようなことはあまりしていなかったようである。植村正久の説教をモデルにしていたと思われるが、植村牧師が既に、簡略なメモだけを手に登壇し、語りつつ言葉を模索しており、高倉も、そのようなメモだけを手にしていたのではなかろうか。この説教は雑誌「聖書之研鑽」第一一二号に掲載されている。従って、雑誌掲載のために書き直されたのは確実である。しかし、説教聴聞者のなかで説教をかなり正確に筆写していた者が既にいたかもしれない。信濃町教会の時代には、そのような若者が何人もいたのである。この説教が更に『恩寵と召命』にも掲載され、全集にも収録されたのは当然である（第一巻）。

主題説教であるが、マタイによる福音書第二七章四六節の主イエスの叫びを聴き取ろうとするものであり、その意味では即テキスト説教（textual sermon）ということができる。しかし、ここでは同じ章の四〇節の十字架のイエスを罵る人びとの言葉をも加えている。このふたつの聖句を中心とする黙想とも言える。説教者自身が黙想したことが語られ、聴き手も説教を聴きつつ黙想に誘われ、メッセージを聴き取っていったのであろう。

説教の第一部は、イエスを「十字架から下りてみよ」とからかった人びとの言葉から、主イエスの荒れ野の試練に思いを致し、イエスご自身が、受難のメシアにならなくてもよいのではないか、とお考えになったことがあるのではないかと推論する。そしてそこで神の子であるからこそ「十字架の運命を負う」決心をされ、誘惑に勝っておられたとする。そこでマクラレンという神学者の名を詳しく紹介もせず、そのひとの言葉としてChrist-mustという英語の表現をそのまま引用する。当時の説教の聴き手にとっては、このような語り方がモダンで訴えるところがあったのであろう。そして「イエスは神の独り子にてありたましいが故にこそ、十字架の道を厳かにも歩まれたのである」と告げるのである。

説教の第二部は、この内的な必然がもたらした十字架の内容はいかなるものであったかと問いを掲げる。そこで主イエスがエルサレムのために流された涙を語る。それはエルサレムが「形体の廃墟ではなく、魂の廃墟」になってしまっていることを嘆かれたのだと語る。十字架は、肉体の痛みではない。「聖なる神の愛をふみにじる者どもの心が、イエスをして堪えがたき思いを抱かしめたのである。十字架を前にしてイエスのこの思いは、ひしひしとその胸にせまったのである」。こうした語り方もまた高倉の魅力になり、こころのうちに悩みを抱く青年男女を惹きつけたところであったろう。こういうところでアッピールしたのである。

ここでようやく十字架における主イエスの叫びに至る。これはイエスのみ言葉のうち最も神秘的で謎めいているとして、「荘厳なる神秘」に他ならないとする。これはイエスが暗黒のどんぞこに捨てられた荘厳なる悲劇だと言い換えられる。ここで説教の中心部となる。イザヤ書第五三章も丁寧に引用される。そして最後に高倉らしく、十字架はわれわれの「思いあがり」の罪を厳しく審くものであり、神の愛の「宇宙的強さ、しぶとさ」を示し、「神の聖なる愛、罪の赦し」を見せると告げる。「我ら、霊魂の健忘症患者にとって、毎年受難週を与えられることは、おごそかなる祝福である」。これを結語とする。いかにも高倉の本領を発揮した説教である。

迫り給う復活の主

小塩　力

使徒言行録　第二二章六―七節、マタイによる福音書　第二八章八節

一

　イエスは、潔き霊によれば、死人の復活により、大能をもて神の子と定められ給うたとは、全新約聖書が何の躊躇もいささかの動揺もなく告げ示すところである。初代教会のよって立った福音は、キリストが我らの罪のために死に、三日めに復活し給うた事実とその言にほかならない。いま復活節にあたり、当年の使徒らが「イエスは主なり」との信仰告白に同じ、キリスト復活の真義はまことに彼が神であり給うこと、またその洞察を与えるにあることを深く思いたい。

　ダマスコ途上の経験において、彼に迫り来たり、環り照らした天的光の印象を、パウロは終生忘れるこ

とができなかった。それは、神の創造の日の光のほかなぞらえることのできない赫耀《かがやき》と圧力とをもって、彼の魂に迫り、これを捉えたのである。その日までパウロは、律法にのみ顕われたと信ずる神の意志を蹂躙《じゆうりん》するようなイエスの徒輩を、迫害してやまなかった。みずからは律法の刺を身内に感じて鬱悒《うつゆう》な生を苦しみつつ、真理と実在に対する確信の故に、ナザレ党の迷妄と不信を排撃したのであった。が、彼の憂悶と希求を超えて、彼の憎しみと蔑《さげす》みの霧を透《すか》し排して、イエスの光は輝き来たった。この一瞬、神のほか、絶対主権の王たる神のほかには全く用いえなかった「主よ」という言葉が、彼の唇をほとばしったのである。光をもって表象された実在は、何を疑おうとも疑いえぬ、彼方《かなた》から迫り来る主体的実在であった。後年彼は、これが多くの先輩同志にも顕われた復活のキリストであり、いまも絶えず御言において現在し給う主イエスであることを反省したのであるが、かの特別な瞬間に、彼は信仰を創造する強力な根源的事実に圧倒的にとらえられたのである。

復活は、それ故、ただ消極的に認められたり、科学的に説明せられて終わるべきものではない。キリストの復活は、その人格や十字架におけるごとく、人間の世界から見ると透明にすぎて正体が握《つか》まれぬ。人間的類比によって多少の陰影をつけて考えて見ても、実はまったく白光の空洞のようで、凝視すればするほどわからなくなる。一切の人間からの光はむこうに達しない。人間はあらゆる発展力をもってして、ここに無限の障壁にぶち当たるのである。光はただ彼処《かしこ》から此処《こなた》へ、天より地へのみ。人は黙して仰ぎ、驚愕して信ぜざるをえぬ立場に立つ。この光の源、みずからは認められずして認めしめる、見えざる光源、それが主の復活であり復活の主なのである。まことにイエスは主なり。実に復活なくんば福音なし。我らはいまこの光源の前に、承認と服従と歓喜をもって、その確かさを信ずるものとなるか、それともあえて暗黒を愛し、サタンの平安に魂を売って不信の道に進みゆくか、二つに一つを選ばねばならない。

二

愛は、生命と光とは、自然の世界に限りない潤いと力と目的とを賦与するであろう。しかし、罪人の歴史の世界においては、愛はまず痛みと憂いと悔いとを覚えしめる。生命の光に照らされて、信か不信かを決意せしめられる時、人は我が過去と、我そのものをつつむ余りにも濃い暗雲に気がつく。復活の主が迫り給う時、我らはまず審きと死とを痛感せしめられるのがほんとうなのではあるまいか。復活こそ神の現在にほかならないが、預言者イザヤは神殿で聖なるヤーウェの現在を見た時に叫んでいった、「禍ひなるかな我ほろびなん。我はけがされたる唇の民の中にすみて、穢《けが》れたる唇の者なるにわが眼万軍のエホバにましします王を見まつればなり」と。パウロは復活の主を拝して、その赦しをうけ、人生と世界とに愛と義の支配の徹し来たれるを見た時、神の憐憫《あわれみ》の現在を復活に見いでた時、はじめて謙虚と懺悔とを知ったのである。この最も感謝すべき瞬間に、今日までこのイエスを迫害して来た痛恨の感が彼の一切の誇りと望みとを粉砕した。復活の主に面して始めて、イエスの死の自然死・運命の死でないことが、慄然として感ぜしめられる。その聖なる慈眼を仰いだ時、彼の眼はまったく盲《めし》い、人間の罪の詛《のろ》いを負うて死に給いし者の相貌が見えざる眼底に焼き付けられた。この自分が、キリストをカルヴァリに押しやり、十字架に磔《たく》殺《さつ》したのである。恐るべき詛いの死は、我らが選び得るいかなる死も徒《いたず》らとなる脅威すべきものをもって、我が魂を震盪《しんとう》する。罪人に罪のつぐのいは不可能であった。主よ我を審き給え、ああ我ほろびなん、まことに我は罪人の首《かしら》なり。乱れた狂えるごとき痛悔と呻《うめ》きの声が我らの信仰生活のただ中にも断続するであろう。

この受難週に愛児を喪って、いい難い寂寥《せきりょう》と苦悩のうちに復活節を迎えた同信の友がある。思えば手の尽し得るかぎり尽しもした。親にも子にも余りに重かった重荷、余りにも険しかった刺の路を、よく耐えもした。友よおもえ、幼くしてかの「病患《なやみ》と悲哀《かなしみ》」を負った魂が清夜の星を仰ぐ時、彼処《かしこ》には召し給う者の聖顔が見えもしたろう。桜の花の散りしく中に黙坐せりという嬰児《えいじ》の心耳には、遙かに呼び給う清《さや》かなみ声が響きもしたろう。だが、いじらしい心根と痛ましい最後の顔とをまざまざと見る者にとっては、心やすらかに「彼は我らの咎《とが》の為にうたれ、我らはその傷によりて信に進めり」などとは考えられまい。自分がむごい心をもって神につき返したのだ、死をもっても詫び得られない、激しい悔いが身を刺し削る。人は慰めていいもしよう、友よキリストを仰ぎ給え、かの魂は御許に生きているではないかと。また祈り得ぬこの時にも、キリストの命のみに服し給え。キリストを通してのみ祈りは幽明両世界を結ぶのだからと。たしかに然りである。けれども、いまは来世の約束よりも、我が罪が審かれなくてはおられない、全世界の審かるべき罪が問題となるのである。主はかかる現実の戦いをしたたかに戦えと我らに命じてい給う。まことに復活は我らを十字架の蔭に追いやるのである。復活の光に照らされ、信仰を賜わった者は、始めて避くべからざる死の詛いに直面し、解決覚束なき問題と取り組み、耐え難い焦眉の戦いを戦わしめられる。「女たち懼《おそれ》をもって」復活の主の言をきいたという。愕然として、窮迫の極においつめられて、彼らは復活の真理にふれた。ヨブの友人のごとき、信仰と生活と神学における晏如性《あんじょせい》は、復活節にはふさわしくないものである。迫り来る復活の光に射られ、我が不信の暴露と、恥と悔いと、恐怖と戦慄と審かれんことを望む祈願とにおいて、十字架の主は我らに臨み給うのである。

三

「女たち大なる歓喜をもて、主の復活を知らせんとて走りゆく」。

「主いひ給ふ、往け、我なんぢを遠く異邦人に遣《つかわ》すなりと」（使徒行伝二二・二一）。

復活の主は、どこまでも、恩恵と憐憫の主である。落胆せる胸が湧きたち、絶望せる眼に輝きがあらわれるのは、この主の濃やかな憐憫の故である。この主の復活の言のほか聴くに耐える言は、天にもなく地にもない。我らは、惨めな無気力と取り乱した不信のうちにあっても、この遣わされた愛の言に縋《すが》るのである。主はそこに臨み給う。滅亡を示す以上の恐懼《きょうく》と、時経てはじめてはふりおつる涕《なみだ》とをもって、ただ聴き従うべき復活の言。枯骨の谷なる民族と国家への生命の約束の言。まさにこの身に辛くさえある恩寵の言。このほかに聴くべき、きかしめられる言はない。このほかに信じ拝すべき主を知らぬのである。まことにバルトがいえるごとく、いまは「聖霊に在りての生活とそれの復活節の喜悦とこそ実に神の中に隠れ在る我らの生命である。而しておそらく、この我らが自ら復活してあることは、我らの生活意志と生活能力との畏怖すべき限界が具体的に我らに示されているかぎりにおいてのみ、また我らがそのときもっとも具体的なる窮迫の裡に永遠の生命の言を、それが我らに来たる時に、我らに他の何物もが余されておらぬが故に、信ぜざるを得ぬかぎりにおいてのみ、常にただこのかぎりにおいてのみ真実であり得るのであろう」。

友よ、聖書において、復活の旺《さか》んな証しをきけ。復活の偉大な肯定にまったくうたれよ。我らはこの証言に召されて、見るごとき暗く弱い現実のまま、いよいよ純粋に福音の蔭にのみ立つものとなりたい。その時復活は我らの唇をひらいてその能力を語らしめねばやまぬであろう。復活の言をただきく時、我らは復活する。現実に霊的復活がここにある、地中にかくされた真珠のごとく、天父の懐に隠されたままで。弟子らの歓喜はこの故であった。我らも当年の弟子らと偕《とも》に復活節を喜び、万国に往いて、この事実をつげようではないか。ひたすら「復活の証人」となろうではないか。地にて宝に満ち足れる人々をして、イースターの祝宴を華麗ならしめよ。地の儀礼に拘《かかずら》う者らをしてその道を怖《お》ず怖《お》ず往かしめよ。けれども我らは、地の一切に放心し、真に悔い恐れつつ、ただ神の勝利の福音・復活の言を取り次ぐ者となりたいと思う。これにまさる歓喜があるか、これと異なる生の目的がほかにあるのであるか。主よ、復活の大能力をもて、いま我らに迫り来たり給わんことを。

（一九三五年四月二一日）

（『日本の説教Ⅱ 9　小塩 力』日本キリスト教団出版局、二〇〇六年所収）

小塩《おしお》力《つとむ》（一九〇三―一九五八）

小塩 力は、一九〇三年（明治三六年）三月一六日、群馬県藤岡に生まれた。小塩家は、代々丹波の国綾部藩の城代家老の家であった。父高恒《たかひさ》は、同志社神学部に学び、当時、藤岡教会の牧師であった。しかし父は、先輩の留岡幸助牧師の働きに共鳴し、少年救護事業に献身するようになった。力が生まれて間も無く、横浜訓盲院に移り、横浜根岸に住んだ。更に米国留学、帰国してのち、巣鴨、茅ヶ崎に救護施設である家庭学校を作り、指導した。力は東京府第四中学を経て、一九一九年、創立されたばかりの松本高校（理甲）に入学、早速、構内にキリスト教青年会を結成した。間も無く宿痾となる喘息を発病、一年休学している。翌一九二〇年、日本基督松本教会において手塚縫蔵に出会った。手塚は小学校校長で伝道に献身し、多くのひとに感化を及ぼしたひとである。一九二二年夏、日本基督教会が開催した全国高専生のための修養会で、植村正久、高倉徳太郎の言葉を聴き、特に森 明牧師の伝道者の歩みを語る言葉の熱情に動かされた。一九二二年、松本教会を応援した植村正久から洗礼を受けた。翌年、東京帝国大学農学部入学、遺伝学を志した。大学在学中、植村牧師、森牧師が相次いで死去。東京神学社に聴講に通うようになった。そこで校長であった高倉徳太郎牧師に出会って、大きな感化を受けた。一九二六年、東京帝国大学農学部卒業、直ちに東京神学社に入学した。

一九二八年、神学社修了、松江教会に赴任、翌年、加藤れいと結婚した。一九三〇年、日本基督教会佐世保教会に赴任。按手礼を受け、牧師となった。伝道・牧会に成果を挙げ、教勢は進展した。佐世保は軍港都市であり、士官、水兵が、かなりの数、出席したそうである。また同地にあった親和銀行の頭取北村徳太郎が長老であり、その感化で同銀行員も出席したようである。北村は小塩牧師の説教は、いつも周到に準備され、溌剌としたものであったと言っている。鋭い頭脳の上に若さがたぎり、尽きることのない信仰の確信、新鮮な用語、預言者的な魂を注ぐ、牧師自身の信仰告白であったとも言っている。小塩牧師の若いときから変わらない、その説教の特質をよく語っている。今も佐世保時代の説教を、説教集『希望の清晨《あした》』に読むことができるが、二〇歳代後半から三〇歳半ばの若い説教者らしい未熟さは見られず、既に完成度の高い説教をしていたと見ることができるのである。しかも牧会者としての細やかな魂への配慮に心がけていた。牧師として幸せな時代、充実した時代であったようである。高倉牧師に勧められ、同牧師が編集主筆であった雑誌「福音と現代」にしばしば寄稿するようになり、一九三七年、最初の説教集『希望の清晨』を長崎書店から刊行した。説教者として評価されるようになった徴である。説教が公刊されるように、読まれる説教者ともなったのである。

一九三九年、佐世保教会を辞任して上京した。なぜであったか、今日になっては定かではない。長男の節の推測によれば、佐世保教会で順調な働きをしていたようであるが、キリスト者としての生き方が固定化することを好まず、自己批判的であった小塩は、牧師が絶対化され、権威ある存在と見なされ、しかも牧師の仕事が職業化しがちなのに耐えられなくなったらしい。そこに東京のどこかの神学校教授の席が約束され、上京してみたら、願っている通りにならなかったという事情もあったようである。当時、両親が経営していた救護施設であった小塩塾の近く、杉並、井草の地にあった農家を借りて住んだ。家族で信濃町教会の礼拝に出席するようになった。日本神学校新約聖書学の講師、恵泉女学園講師となった。翌年から青山学院神学部講師にもなった。一九四二年、井草家庭聖書研究会を始めた。毎月第二日曜、第四日曜日、午後二時から行われ、主として各教会に属する青年男女が集まり、独特の信仰の同志の集団をつくるようになった。一九四三年、父が旅行中に逝去、小塩塾の責任も持つようになった。ちなみに塾は母逝去に伴い解散したそうである。敗戦後、一九四七年、新教出版社刊行の雑誌「福音と時代」の主筆となった。百回を超えた聖書研究会を解散、これを母体として日本基督教団井草教会を建設した。井草教会で伝道・牧会できたのは一〇年あまりであったが、何よりも説教に力を注ぎ、また丁寧な魂への配慮をしている。一九五五年一一月の説教「語調を変えて」は、井草教会を教会として形成する思いを注ぎ出した名説教であるが、「小島のような日本のプロテスタント教会」は、主なるキリストを受動的にプリントされるのを待ち受ける以外にない、と言い切っている。井草教会は、日本の教会としても大教会になったわけではないが、牧者の信仰と愛が行き届く、同志の共同体として見事に形成されたと言えよう。

翌一九四八年、説教集『代禱』、福田正俊との共著で説教集『時の徴』を、いずれも新教出版社から刊行した。一九四九年、同社から刊行の『新約聖書神学辞典』の編集を担当し、執筆もしている。一九五〇年、関根正雄たちと日本聖書学研究所を設立、その所長となった。一九五四年、『高倉徳太郎伝』（新教出版社）刊行。高倉牧師が自死していたことを初めて公にした。翌五五年、岩波新書のひとつとして『聖書入門』を刊行している。一九五七年、角川書店から出た現代教養講座の一冊『宗教を求める心』に「プロテスタンティズム」の章を記した。一九五八年六月一二日朝、長い間戦ってきた喘息のために地上の生涯を終えた。死後、教文館から注解書『コロサイ書』が刊行されている。一九五九年、説教集『キリスト讃歌』が新教出版社から刊行されている。更に、一九六一年、日本宣教選書の一冊として、教文館から『傷める葦を折ることなく』（説教集）を刊行。一九七七年から七八年にかけて『小塩力説教集』全三巻を新教出版社から刊行。二〇〇六年、日本キリスト教団出版局から、シリーズ「日本の説教Ⅱ」の一冊として『小塩力』が刊行されている。

小塩牧師は、熱心に伝道したが、特に上京してからは、そのかなりの力が文筆に割かれた。絶えず雑誌寄稿論文を書き、また単行本を刊行している。論じた主題は聖書を中心に多岐にわたる。しかし、その中心にあるのは説教である。植村牧師、そして高倉牧師は、多くの伝道者を生んだが、特に高倉は、何人かの優れた説教者を育てている。小塩牧師は、そのなかでもユニークな存在である。弁舌は立つ方ではない。むしろ、植村牧師もこうであったかと思うような訥弁があった。しかし、文筆は優れていた。ただ少々言葉に凝るところがあり、そのために説教を聴いた者は、晦渋という評価をしばしば残している。発表された説教は、語られた説教を、教会員の誰かが書き起こし、それに説教者自身が改めて手を入れており、読む説教として完成させていることが多い。そこでも独特の言葉遣い、文字の用い方を見ることができる。それがまたひとつの魅力にもなっている。

小塩牧師は聖書学者であるが、説教には、その知識を広げてみせるようなことはない。説教題とともに聖書テキストを掲げることもしていない。もちろん、礼拝において聖書朗読はされていたであろうが、その特定の聖書の言葉の講解をすることもない。説教学的な分類をすれば主題説教を主としていたであろう。たとえば、若い二七歳のとき、一九三一年二月一日に「和《やわら》がしむる神」という美しい説教をしているが、主題そのものは、コリントの信徒への手紙二第五章一八節の言葉から得ているが、この聖句を即テキスト説教の方法で論じることもしない。主題そのものが指し示す事柄を丁寧に思索、黙想していくような説教である。

ここに紹介した説教は、佐世保教会の牧師であったときのものである。最初の説教集『希望の清晨』に収録されたものである。実際に説教がなされたのは一九三五年四月二一日の復活主日礼拝であったと思われる。『小塩力説教集』第一巻の巻頭に、この説教の原稿の写真が掲載されている。説教の梗概をメモしたような文章である。恩師高倉牧師などの説教のメモに比べると整然としたものであるが、それでも後から書き加えた文章もある。おそらく、このメモに従い、実際にはもっと分かりやすい説教をしたと思われる。それを更に手を加え、読む説教として書き直したものであろう。従って、このままの言葉で語られたとは言えないが、何がどのように語られたかは明らかである。

この説教をしたのは、まだ三二歳のときであり、そう思って読むと成熟した文章ではあるが、若さが垣間見える説教でもある。しかし、この頃既に、この説教者の本領が発揮されていることが明らかに読み取れる。「迫り給う復活の主」という題と共に、ここでは使徒言行録第二章六、七節とマタイによる福音書第二八章八節の聖書テキストを挙げている。両者を併せて講解しているのではなく、説教題が示唆する、この日伝えたかった復活主日のメッセージを伝えるために説かれるのである。

冒頭数行で、イエスは、聖霊の教えるところによれば、復活によって神の子と定められた、これが聖書、そして教会が信じるところである、とまず宣言する。復活の本当の意味は、イエスこそ神であること、その洞察が与えられることにある、と言い、ここに説教が解き明かそうとしていることを明らかにする。つまり、復活の主ご自身が、復活をわからせてくださると言うのである。

そこで、その復活の主の迫りの出来事として、ダマスコ途上のパウロを語り始める。復活の光が彼方から射してこそ、信じることができるのであり、そこでイエスが主であられるとの信仰が生まれる。復活なくして福音はない、と断言する。これが説教の第一段階である。説教は三つの論点を持つ。伝統的なスリーポイント説教である。第二段階は、預言者イザヤが神殿において聖なる神の前にあって自分の汚れ、罪を深く知ったことに言及しながら、復活において主の臨在を知ることは、自分の罪を深く知り、悔い改めることであると切々と語る。背後に高倉牧師の感化が深くあることを覚える。高倉の説教によって養われた説教者自身の贖罪信仰が語られている思いがする。復活の光に射られ、自分の不信仰を知り、審きを求めざるを得なくなるところで、十字架の主が、ここに臨在されることを知るのである。ここで改めて、マタイによる福音書第二八章八節を引用して、主の復活を報せに走る女たちが「大なる歓喜」に満ちていたことを思い起こさせ、更に使徒言行録第二二章二一節を引用して、主の伝道派遣の言葉を併せて聴かせる。そして第三部に入る。復活の主の憐れみが罪人に与えてくださる喜びの大きさを語り、その喜びのままに「復活の証人」として立とうと語る。この復活の主の迫りを願い求めつつ説教は終わるのである。

ただ信じる、それしかない——ラザロの甦りの物語

松木治三郎

ヨハネによる福音書　第一一章一—八、一七—四四節

一

私たちは、この世に生きている。それは人々とともに、人々の間に生きていくことである。人をきらいだと言って人のいない所へ行ったら、そこは「ひとでなし」の世界で、この世よりはもっと住みにくかろう、とは本当である。

しかし、この世にはいろいろの人がいる。一人一人その生まれつきも、育ちも違う。同じ年頃で同じく男性、または同じ女性である。同じ民族でだいたい同じ身分に属し、同じ仕事をし、同じ思想、宗教を持っていても、その見るところ、考えるところ、判断するところは違うものである。こうも違うものか、と

ことごとに驚かされるほどである。それだけではない。この世には、どうしようもない「向こう側の人々」がいる。

　向こう側の人々というのは、どんなに私心のない真実な言葉や行為でも、どうしてもそのままにうけとられない、むしろ、言葉が語られ行動がとられる前に、すでに不可のレッテルがはられ、むしろ拒否の判決を下している。だからもし何かことさえあれば、隙《すき》をみつけてかみつき、おとしいれようとしている。私はこのようなあり方を実存的拒否とよんでいる。しかしこのような人々に対しても何とかできないものであろうかと心を砕く所にだけ、人間の生が成り立つのであろう。

　イエスも、このような向こう側の人々を持っていた。むしろ、このような人々にいつもとり囲まれていた。ヨハネ福音書では、それは「ユダヤ人」として登場してくる。そこには何かサタン的な息吹きが感じられるであろう。

　いま、一緒にヨハネ福音書一一章のところを開いてみよう。これは不思議な、美しい、深い物語である。ながいのでまず、一—八節、そしてとばして一七—三六節を読んでみよう。ベタニヤ村に住む、イエスの親しい、とくに愛したマルタとマリヤという若い姉妹と、青年ラザロの家族があった。そして、かけがえのないひとりの若者ラザロは病み、そしてついに死んだ。イエスは、その知らせを聞いたがすぐには来れなくて、ようやく四日目にやってきた。マルタとマリヤはイエスに逢った。二人は新しい涙があふれてきた。だれもかれも、ユダヤ人たちもすべての人々が泣いた。

　これを見てイエスは……そのこころ激動し、乱れて「彼をどこに納めたのか」と聞いた。彼女ら

は言った、「主よ、おいでになってみて下さい」。イエスは、涙を流した。（一一・三三―三五）

ここに、イエスは、私たちと少しもかわらない人間であることが、ありのままに、むしろ強調して語られている。私はあえて、イエスのこころ激動し、「乱れて」と訳してみたのである。ちぢに乱れてでもよい。

そして「涙」——それはすこし塩っぽい水分であるが、その一滴に、何とさまざまな人間の無限の思いがこめられていることか。悲し涙があり、嬉し涙がある。そら涙があり、くやし涙もある。……では、この時のイエスの涙はどんな涙だったのだろう。ここには書いていないが、マルタ、マリヤの姉妹も、イエスの涙を見てさらに心動かされた。いや彼女らだけではない。一緒にいたユダヤ人たちさえ、思わず言ったのだ。

「ああ、なんと彼を愛していたことだろう」。（一一・三六）

さすがに、向こう側の人たちも、この瞬間、イエスの涙にこころ動かされ、ラザロへの自然な、親しい、痛切な愛を見た。涙にあまる愛を認めた。彼らにも、このようなことも起こるのだ！　まんざらこの世も捨てたものではないらしい。

イエスは、弟子たちにとって、福音書記者ヨハネにとって、そして私たちにとっても、おなじ血の流れている一人の人間である。

ニーチェは「ひとりのキリスト教徒しかいなかった」と言ったが、私は、いつも「一人の人間しかいなかった」と思っている。そして人間イエスのこころはやはり愛、と言い表わす他はない。いつもイエスをとり囲んでいるユダヤ人、向こう側の人々さえ、否定することのできない、むしろ思わず叫ばずにおれないような、純粋な愛である。

しかし、決して現実は甘くない。やはり、イエスの涙にみじんも心動かされない、すでに自分で見、聞き、判定した所を信じてゆるがない、自負心の強い、むしろかたくなな人々がいる。いや「石叫ぶ」ようなイエスの涙の愛にも少しも動揺しない、絶対に、「自分の首をかけて」、まさに「神の名をかけて」イエスを認めない、認めまいと決意している人々がいる。

彼ら（ユダヤ人）のある者たちは言った、「あの盲人の目をあけたこの人でも、ラザロを死なないようには、できなかったのか」。（一一・三七）

ユダヤ人たちは、いつどこでもイエスをねらい、隙《すき》があれば、食いついて、かみ砕こうとしていた。そこにひとりの生まれながらの盲人がいた。イエスは通りすがりに、彼をみた。安息の日であった。しかしイエスは彼をいやした。ユダヤ人たちは、得たりとイエスにかみついた。しかしそこではどうすることもできなかった。「事実、イエスは盲人を救ったのだから」（ヨハネ九・一以下）。そしていまやラザロの死の墓場である。ここでは、さすがのイエスもどうすることもできない。イエスは涙をこぼした。イエスはラザロを愛していたかもしれぬ。しかし、自分たちと同じだ、その愛は純粋で深かったかもしれぬ。しかし、いまやイエスは、何と無力無能であることか、いよいよボロをだした。たぬきが尻尾をだした。だまされんぞ！　見よ、イエスは手も足もでない。ただ涙を流しているだけだ。イエスの愛も死の墓場では通用しない。ただ無力な、絶望の涙を流すしかないのである。

このイエスに対するユダヤ人の言い草を、今日の人々の言葉に言い換えてみると、どうなるだろうか。もっとカラッとしていることであろう。

（1）すべてが自然のなりゆきなのだ。太陽は東から出て西に落ちる。春がすぎると夏がくる。次には秋になって冬がくる。万物が枯死する。人は生まれて、そして死ぬのである。それは自然の法である。あるいはむしろ運命なのだ。生きている間は、それでも何とかできるかもしれない。しかし死んだらもうおしまいだ。万事休す。どんな美しいものも力あるものも、だれもかれもイエスも何も働けない。敗北である。一切は無である。人間の愛も何ということもない。宗教なども弔いしかできない。だれもかれも、そしてイエスもただ泣くだけである。

（2）そしてこの場合のユダヤ人たちには、その根底になお、自分の知と知恵と判断と、そして行動、むしろ自分のわざに対する自負心があり、イエスとその人格、そのメッセージに対する軽蔑、むしろ不信と敵意と憎悪とを感じていることが見のがせない。すると、彼らの言うところの「神」とはいったい何なのであろうか。

二

イエスはそのこころ激動した。（一一・三八）

三三節にも「イエスのこころ激動し」とあったが、実はそれは二つの読み方がある。一つは、彼ら姉妹とユダヤ人たちも泣いているのを見て、イエスも感動した、と。もう一つは、ユダヤ人の泣いているのを見て、むしろその不信に激怒を覚えた、と。すぐれた釈義家で後者をとる学者も少なくない、そしてこの三八節でも、同じ語をつかっている。

するとイエスの心は、いやイエス自身は、単純に一義的ではない。その深い痛切な人間の悲しみ、涙の愛は、また深い痛烈な怒りと結合していたのである。だれに対してか。それとも死そのものに対してか。そしてまたそれは、イエスその人、イエスの全存在を貫いていたのである。

ある教会の研修会に招かれて、このテキストで話した時であった。このところで、イエスの深い悲しみとはげしい痛烈な怒りとの結合について、どうもよく話せなかった、もどかしい思いで終わった後である。質問や感想を聞いていた時、ひとりの婦人が、「自分の子のことであるが、ある時、泣けて泣けてどうしようもない深い悲しみと、押えようのない激しい怒りとが一つになって、私の胸の中はもえる火のようであった。自分に対してか、子に対してか、それとも罪に対してか……」と言ってくださった。たしかにそういう場合がある。

かくてイエスは、今、もえる炎のようになって、あるいはまたこの世の現実の無の淵、絶望の死を見すえ、激怒して「墓場に」向かっていく。そこは、もちろん昼なお暗い洞穴である。その入口には重い石がはめられていた。

イエスは言った、

「石を取りのけよ」。

死んだラザロの姉妹マルタが言った、

「主よ、もう臭いです。四日もたっていますから」。　（一一・三九）

彼女は、ユダヤ人と違う。今日の無神の人でもない。いつもイエスを求め、イエスを愛し、とくに危急の時には、イエスとともにあること、この一つにすべての救いを見出している。イエスの側の人である。しかも彼女の実際は、自然のなりゆきの下にある。きわめて世間的・常識的である。いわゆる健全なほどである。死人も四日たてば死臭をはなつ。それだけでなく、当時のユダヤでは三日間はなお生き返る可能性をみとめていたので、四日というのは、完全に死んだことを示していた。ラザロはもうまったく死にました、死臭をはなっています。生き返る望みはみじんも残っていません。すべては虚しく、無意味で、暗黒です……。

この世にはさまざまの人々がいる。いろいろのグループがある。愛する夫や妻や子や友がある。こちら側の人々もいるが、向こう側の人々もいる。あらゆる自負とあらゆる権謀術数の人々がいる。この世は混沌としている。政治経済の世界のみではない。技術と思想と、そして学問や宗教の世界も、虚偽にみち、複雑怪奇である。その根底には、人間の罪責と言うより他ないような、どす黒い、恐ろしいエゴーが、醜悪なものがある。しかもすべてが虚しく、どんどん過ぎ去っていく。

そして、私もあなたも、だれもかれも、やがてついに死ぬ。泣いても笑っても人間は死ぬ。愛する人も憎んだ人も死ぬ。死こそすべての人間の疑いない唯一の真実であり、現実である。そしてそこで、人間のこの世のすべてが終わる。すべての成功と失敗も、自負心と策謀も、真実と虚偽も、罪と罰も、栄光と汚辱も……何もかもすべて、「それまで」である。ところが、

イエスは言った、

「もし信じるなら、神の栄光を見るであろう」。　（一一・四〇）

ヨハネ福音書だけではない。最初の福音書、マルコ福音書五章三五節以下でも、会堂司ヤイロの幼い娘の死の床に立って、イエスは「恐れるな、ただ信ぜよ」、と言っている。

いま、ここでイエスとともにあるということは、いのちのある間だけではない。すべてが、人間のすべてが終わった、現実の死の墓場に立っても、なお一つだけすることが残っているということである。それはほかでもない、「ただ信じること」、ソラ　フィデェ。

イエスの言う「信仰」も、もちろんこの世に生きている私たちの人間の信仰であり、その限りすべてこの生と死とを支配する法則の下にある。しかも信仰は自然の法則を止揚し、これを越えている所がある。私たちをとりかこむ絶望と死への運命、むしろ死そのものの中でなお望みを失わないものがある。

だから信仰は、私たちの主観的信念や物に動じない肚《はら》などではない。普遍的真理のイデヤを求め、これを愛することでもない。アブラハムのように、「死人を生かし、無から有を呼び出す」神を信じるのである。自分と自分をとりまく現実が死の状態であることをはっきりと認識して、しかもなお信じて疑わない、かえって信仰によって強くなり、栄光を神に帰すのである（ローマ四・一七―二〇）。

ソラ　フィデェ……ただ信じる。それしかない。そこでまさにその一点でのみ、私たちは、この世の現実の混沌と虚無と、罪責と死の中で、現実に神の栄光を見るのである。

それでは、ただ信じて私たちの見る神の栄光とは何であるか。


人々は石をとりのけた、すると、イエスは目を天にむけて祈った、

「父よ……」。

こう言いながら、大声で
「ラザロよ、出てこい」

と叫んだ。すると死人は手足を布でまかれ、顔もきれで包まれたまま、出てきた。イエスは人々に言った、

「彼を解《と》いてやって帰らせなさい」。　（一一・四一―四四）

一度死んで四日もたった人間が、生き返ってきた。手足が白布でまかれ、顔には白い死のヴェールがかけられたままで。これはどう読んだらいいのだろう。何ともグロテスクである。異様である。どう解した

らいいのだろう。

とにかく、だからこまるのだ。なるほど聖書にはいいことがたくさん書いてある。文学としても思想としても、人生の書としてもすばらしい。しかしこんなことが書いてあるから困惑する。そこで、聖書を捨て去る人がある。あるいは、こんな箇所は切り捨ててしまって自分の気に入った箇所をつぎはぎして、自分のドグマをこしらえ上げている人もある。

他方、これをそのままに信じなければ、本当のキリスト教ではない、と主張する人もある。だがしかし、たといラザロが生き返っても、やはりいずれ死ぬのである。ヨハネは、福音書は事実、そんな生き返り、いわゆる蘇生について語ろうとしているのだろうか、いやどうもそうではないらしい。

ヨハネ福音書はよく、しるし、シンボル・象徴を語る。いわば言語や概念や論理で言い表わせない事柄を、一つのしるし、象徴として、人々に伝えようとしている。当時の人々に、このような仕方がもっともよく分かったからである。いや、むしろ、イエスには、イエスの私たちに対する関係、意味、その働きには、このような仕方でしか言い表わせないものがあったからである。

この物語は、今日、自然科学的に、それも常識的にしか考えられない人々、せいぜい実存的にしか経験できない人々にも何か意味があろう。いや、むしろ今ここで、イエスの側の人にも、イエスの向こう側の人にも、信じる人にも信じない人にも、イエスによって、すべての人の間に、すべての人のうちに、起こっている出来事を指示し、言い表わそうとしているのである。それは何か……。

父も母も妻も夫も子供も死ぬ。生涯の師も友も仲間も死ぬ。そしてどんな知と力と富と技術によっても、いや、人間の真実とついには愛によってもどうすることもできない。人間の、すべての破れ、ついに敗北である。ただ、そこで涙を流すより他はない。イエスもともに涙を流す。この世の、人間の最高の支配者、王は、他の何者でもない。死である。死そのものである。死の刺は罪！　死は、すべてに勝ち誇る。しかもその「すべてこれまで」というその一点で、イエスは、「おそれるな、ただ信ぜよ！」とよびかける。死はすべての終わりである。しかもなお終わりではない。イエスの、「起きよ！　墓より出てこい！」と叫ぶ大声がひびいてくる。イエスは言った。

「私は、よみがえりであり、いのちである。私を信じる者は、たとい死んでも生きる。また生きていて、私を信じる者は、いつまでも死なない。あなたはこれを信じるか」。（一一・二五—二六）

「もし信じるならあなたは神の栄光を見るであろう」。（一一・四〇）

ユダヤ人の中に、イエスを信じる人々もでてきた。しかしまた、かえってイエスに躓き、そこからイエスの受難、十字架へ、道が通じていくのである（一一・四五以下）。

三

このことはやはりむずかしい。私には分からない、と言う人があると思う。それでは、……私たちによく知られている一つの物語を想い出そう。ご存じのようにこの物語は、ドストエフスキーの『罪と罰』のテキストである、と言える。

　この世のため、正義のためというので大学生ラスコーリニコフは、高利貸しの婆さんを惨殺した。ついでにその姪も殺してしまう。社会正義のためやったことである。しかしどうしたわけかふと、そしてやていつも、その心は痛み、病み、そして狂い、苦悩する。そして出会った小柄な娘ソーニャ。彼女は今、家族のため売笑婦となっているが、その魂は美しく敬虔で、ただ信心深い。

　そしてある日、殺人者は、売笑婦の部屋で、ソーニャがこのヨハネ福音書一一章のラザロ甦りの物語を読むのを聞くのである。その新約聖書は、彼の殺した高利貸しの姪リザヴェータが持ってきておいていったものだという。

　やがてラスコーリニコフは、自殺か自首かに迷い、どうしたわけかついに自首してしまう。そしてシベリヤ流刑。ソーニャはそのあとを追う。しかし殺人者の心は冷たく、凍りつき、荒廃し、ただ自分の自負心を傷つけられている。自分の罪は認めない。自分の失敗は、いや自分の犯罪は、ついに自首したという一点にだけあると考える。当然、ソーニャの愛は受け入れることができない。そしてラスコーリニコフはついに病む。極度に傷つけられた自負心の故に、病いは重い。

　それは、よく晴れたあたたかい日だった。早朝、ラスコーリニコフは河岸の仕事場に出かけて行く。腰をおろして、あたりを見ていた。もう何も考えていない。

　突然、彼の傍へソーニャが現われる。ほとんど足音も立てずに近よると、並んで腰をおろした。ソーニャもまた病んでいたのだ。やせて青白く、頬がこけている。そして静かにほほえみかけて、おずおずと手を差しのべた。いつもの彼はいやらしそうにした。ときにははらいのけられたこともあった。……ところが今日は、二人の手は離れない。彼はちらっと彼女を見ただけで、何も言わず目を伏せた。二人きりだった。他にだれもいない。

どうしてそんなことができたか、彼は分からなかった。ふいに何ものかが彼をひっつかんで、彼女の足もとへ投げつけたのである。彼は泣いて彼女の膝を抱きしめた。一瞬、彼女はおびえて、死人のようになった。わなわなふるえながら彼をみつめた。けれどもその瞬間、彼女は何もかも分かった。その目の中には無限の幸福がひらめいた。男は自分を愛している。しかも限りなく愛している。

彼らは口をきこうと思ったが、きけなかった。二人の目には涙が光った。二人とも青白くやせていた。しかし、この病み疲れた青白い顔には、新生活に向かう近い未来の再生、完全な復活の曙光が、すでに輝いていたのである。ただ信じる。それしかない。絶望の中のソーニャの信仰から、そして……たがいの愛が彼らを復活させたのである。二人の心は、たがいに、生きる泉となり合った。彼らは待とうと決心した。なお七年の歳月がシベリヤに残っていた。……しかし彼は甦った。そしてまたソーニャも……。

その日の夕方、ラスコーリニコフは、寝板の上に横になってソーニャのことを思った。……枕の下に福音書があった。かつて彼が、ソーニャからラザロの甦りを読むのを聞いたあの本である。……

ソーニャも夜、また病気になった。しかし幸福だった。今まで幸福というものを知らなかったソーニャは、自分の幸福のためにおそれおびえていくほどである。七年、たった七年！

彼らはどうかした瞬間、この七年を七日とみなすほどの気持になっていた。

そこには、もう新しい物語がはじまっている。……

ここにも、今日の、ラザロの物語、それしかない、ただ信じるしかない、物語の一つの読み方がある。

いや現に、一つの出来事が起こっている。信仰はただ愛を通して働き、たがいの愛として出来事となる新しい人間と新しい歴史をつくるのである。

「もし信じるなら、あなたは、神の栄光を見るであろう」。希望は、今も、失われていない。

（一九七二年四月）

（『松木治三郎著作集　第五巻』新教出版社、一九九二年所収）

松《まつ》木《き》治《じ》三郎《さぶろう》（一九〇六―一九九四）

松木治三郎は、一九〇六年（明治三九年）二月二一日、福井県敦賀市に生まれた。明治学院神学部予科を経て、一九三四年、日本神学校を卒業、日本基督教会木更津教会の伝道者となった。一九四一年、教会合同により日本基督教団の牧師となった。松木が書いた「私の説教論」（『松木治三郎著作集』第五巻、四五一ページ以下）によれば、最初は、日本基督教会の多くの牧師がそうしていたように、説教では、「かなり自由で、人生を語り、文学や思想にふれ、社会とくに政治問題にも言及していた」。学生時代から新約聖書研究に関心を持ち、特にローマの信徒への手紙を中心にパウロを学んでいた。牧師になってからも学びを続けていたのであろう。次週主日の朝礼拝説教は月曜日午前中に原稿を書き上げ、あとは学問研究を続けたようである。木曜日には夕礼拝の説教のアウトラインも出来上がっていた。しかし、ある時、風邪で発熱、準備ができないままにたまたま目にしたブリティッシュ・ウィークリーに掲載されていた、家出した娘を待ち続け、夜も玄関に鍵をかけなかったという英国の女性の話を次の週の説教で語ったところ、会衆は泣きながら聴き、自分も情熱を込めて語った。これがきっかけで説教とは何か、改めて真剣に問うようになった。

ローマの信徒への手紙第一章一六節を改めて読み、神の力である福音と深く結びつくのが本来の説教であることに気づき、大きな驚きを覚えた。またカール・バルト『教会教義学』プロレゴーメナを読み、神の言葉としての宣教の意味に気づいた。更にパウロの手紙を読み、十字架につけられたキリストが説教の主たる内容となると共に説教の主体としても働いておられることに気づく。主が説教の対象でもあり主体ともなられるところ、説教が説教となり、出来事となり、この説教を聴くことによって聴き手は聖霊を受けるのである。またバルト・トゥルンアイゼン共著の説教集『大いなる憐れみ』の序文における講解説教をしようという呼びかけに共鳴し、講解説教をするようになった。竹森満佐一だけではなかったのである。ここにも従来の説教の歩みを反省し、講解説教へと転換した説教者がいたのである。この頃、一九三九年、松木は木更津教会から熊本坪井教会（現錦ヶ丘教会）に転じている。第七代牧師であった。

やがて太平洋戦争が始まり、空襲を受けるようになり、教会堂も焼失、松木も住まいを失った。その苦難のなかでヨブ記の連続講解説教をやり遂げている。しかし、敗戦後の混沌の状況のなかで伝道は進展したが、改めて講解説教に批判的になった。説教者は聖書から聴いて、聖書を講解していれば、他に何もしなくてよいと安住するようになっている自分に気づいた。言葉は権威的になり、律法主義的になっていく。そのことを自己批判的に知り、それを克服するために、「聖書に即した聖書からの自由」を得るべきだと知るようになった。松木は、これを言い換えれば、こういうことだと言っている。「今日の日本の現実の中に、あいまいさや偽り、お芝居（偽善）としてではなく、はだかで生きられる聖書の福音の説教ということである」。ここに松木の独自の説教理解が成立したのである。

松木は新約聖書学研究にも打ち込み、アードルフ・シュラッターに学び、ブルトマンなどの福音書の歴史的批判の方法も積極的に受け入れ、独自の聖書の読み方を身につけていっている。戦後、一九四八年に新教出版社から『新約聖書における宗教と政治』を刊行している。ところで、戦時中に強制され、神学教育統合のために神学部を失っていた関西学院大学は、戦後、新制大学になると共に神学科を改めて新設した。一九五一年、文学研究科に聖書神学専攻を設置、このとき、松木は牧師在任のまま教授として招かれた。五二年、神学部開設、一九五三年、塚口教会主管代務者となった。実質的な牧師となったのである。一九五六年、文学博士号を取得。一九六〇年から八六年まで日本新約学会会長であった。一九六四年、ゲッティンゲン大学を中心にドイツ留学。一九七四年、関西学院大学を定年退職。一九九一年、塚口教会牧師退職。一九九四年五月二四日に地上の生涯を終えている。八八歳であった。

松木は常に説教を自分の使命として自覚しつつ聖書学研究と教育に力を注ぎ、伝道者教育に成果を挙げると共に、その研究成果を幾つかの著述に結実させ、『人間とキリスト――パウロにおける「人間」の釈義的神学的研究』（新教出版社、一九五五年）、『ローマ人への手紙――翻訳と解釈』（日本基督教団出版局、一九六六年）、『新約神学序説（新約神学Ⅰ）』（新教出版社、一九七二年）などを刊行している。なおそれまでの刊行物を集成し、一九九一年から九二年にかけて、全五巻の『松木治三郎著作集』を新教出版社から刊行している。

その第五巻は「説教と私の聖書の学び」と題し、三冊の説教集を収録し、それに松木自身の説教と聖書を学ぶこころを語る幾つかの文章を付している。最初の説教集『沈黙と愛』は、独特の書名と内容の説教集であった。一九六六年刊行のものであり、著者はちょうど六〇歳、敗戦後の混乱期が過ぎ、安保改定闘争も終わり、日本の精神状況が変わりつつあるところで、ある範囲の読者を得たものであり、私の読書歴の記憶にも残るものである。教会で、学校で、広く日本人の魂に訴えたいものがあったのであろう。

第二説教集『このこと一つに賭けて』は、第一説教集から一一年を経てのちのものであるが、塚口教会で語られたものがより多くなったように思われる。もっとも、この頃の松木は説教者として高く評価され、他教会などから講師として招かれることも多く、そこでも語られたものが混じっていると推測される。「まえがき」において松木は自分の説教理解を述べており興味深い。

一般的に言うと説教という言葉は歓迎されない。しかし、この説教集に収められているのは（例外もあるが）「説教の様式」による言葉である。しかし、説教と訳されるドイツ語の語源はプレディケーレ（praedicere）というラテン語であり、これは予め言う、告げ知らせる、さらにはほめ称えるという意味もある。「それは、言わねばならないことを、ありのままに、そのものとして現われきたらしめることであり、むしろ詩的讃歌的なひびきが聞かれるものである」。そしてエレミヤ書第二〇章七節以下の「ヤーウェの言葉が、私のこころに燃える火のように、わが骨のうちに閉じこめられているので」抑え難く、口をついて神の言葉を語らざるを得なくなっている自分であることを語る。松木の説教には、この預言者のような情熱が溢れ出てくることは確かである。

ここに紹介する説教は、一九七二年四月、復活主日にいたる三主日で続けて語ったものを基に、新たに書き起こされたものである。「まえがき」のなかでも言及されており、教会の礼拝においてだけではなく、研修会やキリスト教学校における聖書講義などでも繰り返して語ったものである。そのために、実際になされた一回限りの説教として読むことはできないが、説教者松木が情熱を込めて何度も説いた物語のひとつだと言うことができると思われる。それだけにこの説教者が最も語りたかったことが何であったかをいささか推測することができる。

ついでにここで一言しておきたいが、著作集第五巻の巻末に付された、山崎英穂の解説によれば、塚口教会のひとつの伝説とされているそうであるが、松木牧師は週日を神学部教授としての研究、教育に専心したかったので、日曜日の夜には、次の日曜日の説教の完成原稿を書き上げてしまっていたそうである。若いときに神学者の書斎の生活を作った考え方と姿勢が生涯を貫いて変わらなかったと言うことができるのかもしれない。

また礼拝では説教の前には、日本聖書協会訳の聖書を朗読したが、説教においては、自分の私訳でテキストを読むことを基本姿勢としていたようである。

ここで紹介する説教は、復活の出来事そのものの物語ではないが、「私は復活であり、いのちである」という主イエスご自身の宣言をめぐる物語であり、キリスト教会において特に大切な物語である。説教者も大切にしていた物語である。それをさまざまな聴き手に語る。そのときの聴き手とともに聖書の物語を聴き取り直すのである。長い物語であるが、その全体を視野に入れつつ、その急所をくっきりと語り出す。

まず主イエスが涙を流された、という事象に主イエスの愛を見る。しかし、これは「人間イエスの愛」である。しかし、ニーチェの、本当のキリスト者はたったひとりであった、という言葉を引用しながら、「一人の人間しかいなかった」と説教者は言い切る。その涙を流すイエスも死の現実に直面するとき無力である。この死に対する人間すべてが無力であるという現実は現代においてますます深いということを言い、まさにそこで、まるで現代人を象徴するかのように主イエスに対する軽蔑、憎悪の思いが育っていると指摘して第一部は終わる。そこで始まる第二部は、ヨハネによる福音書第一一章三三節、三八節で繰り返される主イエスのこころが激動されたという一語に集中する考察になる。この激動は怒りの激動であると理解する。死の現実に向かい合った人間の現実に対する怒りである。この涙と激動の思いを抱きつつ主イエスは言われた。「もし信じるなら、神の栄光を見るであろう」（四〇節）。まずここで松木は、主が信仰を求めておられる、ということに力点を置いて理解する。そこでソラ・フィデ（信仰のみ）という改革者の言葉を強調する。「私たちは、この世の現実の混沌と虚無と、罪責と死の中で、現実に神の栄光を見るのである」。そこで信じて見る神の栄光とは何か、ということに論点が移る。そこで主がラザロを甦らせた出来事を簡潔に物語る。説教者自身の区分で第二部の後半から、説教は改めて問いを鋭くする。勝ち誇る死に対して主イエスは信仰を求め、復活を呼び起こす大声を挙げられる。この主が求められる信仰に生きることは難しいが、ドストエフスキー『罪と罰』を引きつつ、そこに「ただ信じる」という唯一の希望が開かれているのだと説教者は断言する。

キリストの復活と教会

田中剛二

ヨハネによる福音書　第二〇章一―一八節

この前の主の日に、主イエスの十字架の死について学びました。主イエスが十字架の上で「エリ、エリ、レマ、サバクタニ」とお叫びになって息を引きとられたのは、安息日の準備の日、わたしたちの暦では金曜日の午後三時頃でありました。ヨハネ福音書一九章三〇節に説明されておりますように、「安息日に死体を十字架の上に残しておくまい」として、殊に、この安息日は大切な過越の祭の間の安息日でありましたので、安息日が始まる前、すなわち、金曜日の日没の前に、ローマの総督ピラトに願って、イエスの死体を十字架からとりおろして、アリマタヤのヨセフが「自分のために岩を掘って作った新しい墓」（マタイ二七・六〇）に「ユダヤ人の習慣にしたがって」（ヨハネ一九・四〇）死体に「香料を入れて亜麻布で巻いて」葬りました。そして「墓の入口に大きな石をころがして」（マタイ二七・六〇）ふたをしました。このようにして、安息日（土曜日）一日、主イエスのなきがらは墓の中に横たえられておりました。マタイ福音書二七章六二—六六節を見ると、ユダヤの祭司長やパリサイ人たちは墓の大きな石のふたに封印をし、番兵をおいて墓の番をさせた、と記されております。

ところが安息日が終って週の初めの日、すなわち日曜日の朝まだ暗いうちにマグダラのマリヤが墓にまいりますと、墓の入口をふさいであった封印されていた大きな石が取り除けてあるのを見ました。これを見たマリヤは、てっきり何者かに主イエスの死体を持ち去られたものと思って、シモン・ペテロと、「イエスが愛しておられたもうひとりの弟子」のところにかけつけて、その由を告げました。「イエスが愛しておられたもうひとりの弟子」というのは、この福音書を書いたヨハネ自身のことです。ヨハネはここで目撃者、証人として公けに語っているのです。

マリヤのしらせを聞いたペテロとヨハネは墓にかけつけました。たしかに墓はからになっておりました。彼らはしさいに点検して、墓がからであることを確認しました。そして彼らは「事の次第を不思議に思いながら帰りました」（ルカ二四・一二）。ヨハネ福音書二〇章九節が言っているように「彼らは死人のうちからイエスがよみがえるべきことをしるした御言をまだ悟っていなかった」のでありました。恐らく彼らの心は、不審と恐れでいっぱいになって、首をかしげながら家に帰ったのでしょう。

しかしマリヤは墓の外に立って泣いておりました（二〇・一一）。ペテロとヨハネに事の次第を告げるためにかけつけたマリヤは、彼らのあとから墓にもどって来たのです。そしてイエスの死体が盗まれたことの悲しみのあまり墓の外に立って泣いていたのです。

泣きながら墓の中をのぞきこんだマリヤは「女よ、なぜ泣いているのか」と問うたふたりの御使いに、「だれかが、わたしの主を取り去りました。そして、どこに置いたのか、わからないのです」と答えています（二〇・一一—一三）。マリヤがそう言ってからふりむくとひとりの人が立っていました。それは主イエス御自身でありました。にもかかわらず、マリヤはその方が主イエスであることに気がつかず、てっきり墓苑の番人であると思って、「あなたが、あのかたを移したのでしたら、どこへ置いたのか、どうぞ、おっしゃって下さい。わたしがそのかたを引き取ります」とたのんでいます。明らかに、ペテロにもヨハネにも、またマリヤにも、主イエスの復活などということは思いもつかないことであったのです。彼らは、誰かが主イエスのなきがらを持ち去ったか盗んだか、だまって他の場所に移したのかとしか考えられなかったのです。

マリヤのことに焦点をしぼって御言葉を学びましょう。マリヤには主イエスの復活ということは思いもつかないことでありました。ですから、イエスが十字架の上で地上の息をひきとられてあわただしく墓に葬られた時に、マリヤには自分が全く主イエスから絶望的にひきはなされたように感じられたにちがいありません。お父さんをなくしたひとりの兄弟が、父のなきがらが葬りのために家から送り出されたその時に、父と別れたというどうしようもない悲しみがこみ上げて来るのを禁じ得なかったと語っておりました。

主イエスの復活が信じられなかったマリヤにとっては、主が十字架にかかって死なれ、そのなきがらが墓に葬られた時に、一番イエスを身近かに感じるのはイエスのなきがらであり、そのなきがらを葬った墓であったのです。主の復活を知らない、悟らないマリヤにとっては、主イエスのなきがら、そのなきがらの横たわっている墓が主イエスを一番身近かに感じるところ、イエスとの最後のつながりでありました。だから、墓がからであった、イエスのなきがらがなくなった、ということは、永久に主イエスを失ったという絶望的な悲しみに通じるものであったのです。

さて、マリヤが墓の番人であると思ったその人から「マリヤよ」とよばれた時に、そのかたの言葉によってマリヤの心の眼が開かれました。そして開かれた心の眼で、「マリヤよ」とよばれたお方が主イエスであることを見ることが出来ました。彼女の驚きと喜びがどのように大きかったかということは、マリヤがふりかえりざま、いつも彼女が主イエスをお呼びしていたように、「ラボニ」、先生といって（一六節には書いてありませんが）主イエスにすがりついたことによって、どんな叙述よりも生き生きと語られています。ところが主イエスはマリヤに、「わたしにさわってはいけない」と言ってすがりつくマリヤを押し止められたのです。なぜでしょうか。なぜイエスにすがるマリヤをイエスは押し止められたのでしょうか。

マタイ福音書二八章九節には、主イエスの女の弟子たちが、よみがえりたもうた主イエスにお目にかかった時、「彼女は近寄りイエスのみ足をいだいて拝した」とあります。その時主イエスは女弟子たちを「わたしにさわってはいけない」と言っておとどめにはなりませんでした。ヨハネ福音書二〇章二七節に、主イエスはトマスに、「あなたの指をここにつけて、わたしの手を見なさい。手をのばしてわたしのわきにさし入れてみなさい」と、よみがえりの主にさわることをお拒みなさるどころか、かえってさわって見よと招いてさえおられるのです。それなら、なぜマリヤには「わたしにさわってはいけない」と押し止められたのでしょうか。

新改訳聖書のヨハネ福音書では、「わたしにさわってはいけない」という主イエスの御言葉が「わたしにすがりついていてはいけません」と訳されております。「さわる」という語は、ただされるとか、たしかめるためにさわるとかいうことではなくて、「一つの対象を失わないで所有しつづけることを願って、それをつかまえている」という意味を含んでいるのです。つまりマリヤは、主イエスの墓がからになって、イエスのなきがらがなくなって、主イエスとの最後のつながりが切れてしまったと思って悲しんでいた矢先に主イエスを見たので、「もう離しません」とでもいうように主イエスをもう一度、主イエスが地に在した三年間のように、弟子たちとの、主と共に語り、主と共に食するといった、毎日の身体的な可視的な交わりの中で生活されるように、彼らの中に、弟子たちの中にひきとめておく、というように、すがりついたのでありました。カルヴァンは、マリヤが、主イエスをこの世にひき留めておこうとするマリヤの愚かな願いを御覧になって、御自身にすがりつくことを禁じられたのだ、という意味の説明をしています。地上で主イエスと相語らい、相交わるという以外の別の仕方での主イエスとの交わりを考えることが出来なかったのです。主イエスはマリヤの復活の主を見た喜びが、主イエスが地に在した日の主との交わりのような交わりがとり戻されて再び続けられるという、まったく間違った思いに貫かれていることを御覧になって、マリヤがそのような思いですがりつくことを押し止められたのです。

たしかに主イエスの復活によって、主イエスとの交わりはとり戻されました。しかし、それはマリヤや弟子たちが考えたような主イエスとの、地に在した日のような地上的な身体的な可視的な交わりではなくて、はるかにもっとずっと豊かな、祝福された、幸いな、不変な、不断の交わりでありました。

そこで、主イエスがすがりつくマリヤを押しとどめて、「わたしは、まだ父のみもとに上っていないのだから」とマリヤに仰せになり、またマリヤに「わたしの兄弟たちの所に行って、『わたしは、わたしの父またあなたがたの父であって、わたしの神またあなたがたの神であられるかたのみもとへ上って行く』と、彼らに伝えなさい」とメッセージをお託しになったのは、このわけなのです。主イエスが復活されたのは、決して、主イエスが地上の生活に再び戻られるためではありませんでした。主は、天の父のみもとに上ってゆかれるために甦えられたのです。主イエスが復活して、天の父のみもとに上って行かれることは、イエス・キリストがわたしたちの間から永遠に失われること、主イエス・キリストが歴史の中の単なる過去の人となってしまわれることではないのです。かえって、天の父のみもとに上って行かれることによって、地上に残された弟子たちとの間に永遠の交わりのきずなが結ばれるのです。主イエスは十字架につけられる前夜、弟子たちに「わたしが去って行くことは、あなたがたの益になるのだ。わたしが去って行かなければ、あなたがたのところに助け主はこないであろう。もし行けば、助け主をあなたがたにつかわそう」（ヨハネ一六・七）、と仰せになりました。使徒行伝一章三節にあるように、主イエスはよみがえりの日から四十日たって、弟子たちの見ている前で天の父のみもとに上って行かれました。もはや弟子たちも、何人も（使徒パウロを除いては）主イエスの御姿を見ることは出来なくなりました。それでは、主イエスはもはやただ追憶のうちに思い出す以外にない過去の人となられたのでしょうか。決してそうではありませんでした。主の復活によって、主イエスと弟子たち、世々の教会との間に、地に在した日の主イエスと弟子たちとの間の交わりよりもはるかに緊密な、幸いな、永久の、絶えることのない交わりが成立し、確立されたのです。主イエスは、あの十字架につけられたもう前夜、弟子たちに遣わすと約束なさった御約束のとおり、聖霊をお遣わしになりました。それはキリストの御霊です。天の父のみもとにいます主イエス・キリスト御自身が、御霊によって教会の生命そのものとして、あたかも霊魂が体を生かすように、わたしたち教会の中に、教会とともに在して、わたしたちを生かし、すべての真理を悟らしめ、また支え、養い、守り、導いて下さるのです。キリストの復活は、実にわたしたちの救い主、王なるキリストとわたしたちとのこのような永遠の、無上の、幸いな、緊密な、生命的な交わりの始まりであるのです。

わたしたちは使徒信条で、主イエス・キリストについて、「三日目に死人のうちより甦り、天にのぼり、父なる神の右に座したまえり」と告白します。昇天、父のみもとに上りたもうことのない復活はなく、聖霊によって、キリストの御霊によって、わたしたちを御自身との永遠の生命の交わりに入らしめて下さることのない昇天はないのです。主イエスは一六章七節で、わたしたちに聖霊をお遣わしになることを約束なさって、「わたしがあなたがたを去ることはあなたがたの益である」と仰せになっています。それは、天に、父なる神のみもとに上られること、可見的に、身体的に、わたしたちから去って行かれることが、実は、キリストの御霊によってわたしたちの中に来られて、わたしたちを主イエスとのはるかにもっと緊密な、生命的な、幸いな交わりに入れ、交わりの中に保って下さるためにあるからです。カルヴァンは「キリストの復活は、主イエスが天にのぼり、父なる神の右に座したもう時まで、十分で完全ではなかったのだ」と言っています。

わたしたちは、今日、しばしばマリヤと同じような愚かな誤りにおちいります。わたしたちは、主イエスの弟子たちがかつて地に在した日の主と親しく交わり、御教えに接したように、主イエスと親しく交わることが出来たら、どのように幸いであろうかと想像し、マリヤのように主イエスを地上に、わたしたちの間にひきとめたいといった求めをもって主イエスを求めます。しかしわたしたちは、主がよみがえって、天に、御父のもとにいますことによって、かつて弟子たちが、地に在した日の主イエスともった交わりよりもはるかにもっと主イエス・キリストを知り、信じ、主イエス・キリストとの緊密な親しい生命の交わりを、約束の御霊によってもっているのです。キリストが御霊によってわたしたちとのうちに生き、わたしたちとともに在し、またわたしたちの心の目を開いてすべての真理についてわたしたちを教えて下さるからです。今、主イエス・キリストは記憶や追憶によってわたしたちの喜びなのではなく、現実に生ける主としてわたしたちのうちに生きたもう喜びなのです。

その故にこそ、わたしたちは、何処にあっても、どんなときにも主と離れることはないのです。生においても死においても、主イエスはわたしたちの生命であり、慰めであり、幸いであり、喜びであられるのです。

主イエスは、よみがえって天の父のみもとに上りたもうとき「見よ、わたしは世の終りまでいつもあなたがたと共にいる」と仰せになりました。主の復活、昇天は、身体的に可視的な主イエスとの交わりをたたれることでした。しかし、教会にとっては、そのことが主イエス・キリストとの生命的な永遠の交わりをもち、生においても、常に主に生かされ教えられ、慰められ、支えられ、守られてあることであるのです。

（一九七四年四月一四日）

（『田中剛二著作集　第四巻』新教出版社、一九八六年所収）

田中剛二《たなかごうじ》（一八九九―一九七九）

田中剛二は、一八九九年（明治三二年）七月五日、日本基督教会の牧師であった父田中小出海《こいずみ》（一八六四―一九一二）と母八重の次男として、広島県三原町で生まれた。父は尾道教会を設立し、その牧師であるとともに、また三原教会をも兼牧していた。その三原教会の礼拝で説教中に倒れ、四七歳で死去した。剛二が一二歳のときであった。剛二は、父が学んだ日本伝道学校（東京・築地）の田村直臣が経営していた貧窮の若者の勉強を援ける自営館に入り、働きながら早稲田中学で学ぶようになった。父と同じ牧師になり、満州（現中国東北部）で伝道をすることを夢見ていたのである。読書好きの中学生であった。そのためかやがて社会主義に関心を抱くようになり、社会運動による変革を夢見るようになった。早稲田大学予科（理工科）に進んだが退学、労働運動を志して大阪玉造の鉄工所職工となった。更に朝鮮銀行奉天支店に勤務、ソ連に入ろうとしたが、警察に言動を監視されるようになった。そこで一九二二年四月、神戸神学校に入学した。これは、社会主義者として警察に追われる境遇から逃げ出したかったからだと言われる。二二歳のときである。

神戸神学校は一九〇七年、アメリカの南長老教会のミッションによって創立され、のちにはカンバーランド長老教会系の大阪神学院と合併、中央神学校となった神学校である。この神学校は、やがて一九四一年、当局の弾圧に遭い、逮捕者も出て、自己閉鎖をしている。そして戦後神戸改革派神学校として再生したのである。

田中は、神学校に入っても基本的な考えは変わらず、伝道者になる思いも定まらなかった。そのために授業に関心を抱けず、欠席しがちであった。しかし、そこで校長フルトンの組織神学講義、そしてその信仰に生きる人格に出会ったのである。牧師の子であったサミュエル・ピーター・フルトンは、コロンビア大学、ユニオン神学校を卒業、学位を得て、一八八八年来日、明治学院神学部で教えていたが、神戸神学校創立に関わり、その初代校長となったひとである。日本語でカルヴァン神学を説き、『キリスト教綱要』を講読してくれるフルトンに、青年田中は心酔するようになり、一転し、集中してカルヴァンの神学を学ぶようになった。田中にもフルトンを理解する優れたカリスマが与えられていたのであろう。ウェストミンスター信仰基準に基づくカルヴァンの伝統に生きる神学を、それを知識としてだけではなく、伝道者として生きるべき自分の歩みを作る基本として体得していったのである。

一九二六年、神学校を卒業し、日本基督教会浪速中会で准允を受け、須崎伝道教会主任伝道者となり、翌年、高知教会からの派遣伝道者として安芸伝道所で伝道した。やがて高知教会伝道師となった。青年伝道に力を発揮したと言われる。一九二九年、按手を受けたが、翌一九三〇年、渡米し、一年をプリンストン神学校、その後の二年をウェストミンスター神学校で学んだ。ちょうどプリンストンの新約学の教授であったジョン・グレシャム・メイチェン（一八八一年生）が、自由主義に傾く大学神学部を嫌い、同志とともに同校を去り、新しく、伝統を固持する神学に根ざすウェストミンスター神学校を創立したところであった（一九二九年）。田中も、その志をよしとし、同校に転じ、メイチェンの教会の教理を重んじる新約学を学んだのである。

帰国して高知教会副牧師として帰任。高知教会で大きな伝道の成果を挙げていた、多田素《しろし》牧師を助けて、七年間、よく伝道協力者となった。一九三四年、三枝みどりと結婚している。労働運動をしていた頃から説得力のある語り方を学んでいたようであり、説教は巧みであり、説得力もあり、高知でも説教者として、伝道者として好評であったと伝えられる。高知教会在任中に、『ペテロ前・後書』（新約聖書要解、長崎書店、一九三八年）の著書やボエトナー『カルヴィン主義予定論』（長崎書店、一九三七年）の翻訳を刊行している。

一九四〇年、日本基督教会神港教会から招聘を受けた。爾来、死去（一九七九年四月一一日）に至るまで、三九年間、同教会の牧師であった。教会は、一九〇六年、神戸日本基督教会から独立しており、田中は、その五代目の牧師として招かれたのである。長く神戸市の下山手通三丁目にあったが戦災で焼失、一九四九年、現在の六甲の地、神戸市山田町に移転している。

一九四一年、当時の趨勢で日本基督教団創設に際し、日本基督教会のひとつとして、神港教会も、これに加入した。戦後、一九四六年、日本基督改革派教会が設立された。田中牧師は最初からこれに参加すると期待されたらしいが、田中は慎重であった。一九四八年になって、田中牧師と神港教会は日本基督教団を離脱、関西における日本基督改革派教会の中核をなす教会のひとつとなり、今日に至っている。田中はまた神戸改革派神学校の教会史教授となり三〇年間勤務した。特に改革派教会の歴史を重んじて教えた。追記すれば、一九五四年一月から一九五九年一二月まで「リフォームド」という個人雑誌を刊行、聖書講義を中心に聖書と神学を論じている。

田中は改革派教会のなかでのカルヴァン研究の指導者のひとりであり、生涯、カルヴァン研究を続け、著述、講演を通じて、カルヴァン理解の普及、深化のための努力をした。その成果は、田中の没後刊行された『田中剛二著作集』（全四巻）の第二巻『カルヴァン――その人と思想』（新教出版社、一九八四年）にまとめて紹介されている。カルヴァンのさまざまな面について研究をしていたのである。

説教者としてもカルヴァンの感化を大きく受けている。そのために、カルヴァンに倣い、講解説教に専心するようになった。高知教会時代の説教は、華やかなものであったらしいが、特に米国で、教理的で、しかも聖書テキストに密接に触れ合いつつ釈義をすることをメイチェンに教わったのであろう。それを生かして、独特の講解説教の方法を体得したのである。同じようにカルヴァンに学んで講解説教に専心するようになった説教者に吉祥寺教会の竹森満佐一牧師がいる。そこで「東の竹森、西の田中」と言われるようにさえなった。しかし、ひとつの見方をすれば、田中の方が聖書の言葉に密着して説いているように思われる。竹森牧師の場合には、そこで聴き取ったメッセージによって、テキストを神学的に再構成しているところがあるように思われる。

講解説教は、いくつか読むことができる。日本キリスト教団出版局刊行のシリーズ「日本の説教」第一三巻として刊行した田中の説教集はテサロニケの信徒への手紙一の講解説教で埋められている。カルヴァンやハイデルベルク信仰問答からの引用以外は、引用文献のない、ひたすら聖書の言葉を説くものである。

しかし、田中牧師は、一年に八回から一〇回ぐらい、講解説教ではなく、その時にふさわしい主題を掲げて説教をしたそうである。その類の説教を集めたものが、『田中剛二著作集』第四巻として、一九八六年、新教出版社から刊行されている。『説教集――キリストの苦難と栄光にあずかる』である。

ここに紹介するのは、一九七四年四月一四日の復活主日に語られた説教である。

読まれた聖書テキストは、ヨハネによる福音書第二〇章一節以下の復活の出来事の記事である。説教は、一週間前の主日で「主イエスの十字架の死について学びました」ということから始まる。この何気ない一句に、この説教者の説教の姿勢がよく出ている。説教とは聴き手とともに聖書を学び続けることである。正典としての聖書を学び続ける。主日説教はいつも前からの続きである。特に受難週はそうである。共観福音書も引用しながら、十字架における主イエスの死、埋葬、そして復活の朝の、マグダラのマリヤの体験を物語っていく。キリストの復活を語る説教が、しばしばしているような復活信仰が現代人の躓きになっていることなどには言及せず、聖書の復活の物語を語るだけである。しかし、改めて「マリヤのことに焦点をしぼって御言葉を学びましょう」と言って、マリヤが復活を信じることができなかったということに集中した黙想を始める。聴き手とともに復活とは何であったかを、それを手がかりにして黙想を深めるように説教を進めていくのである。

そこで鍵になるのは、甦りの主イエスが、私に「さわってはいけない」と言われたことである。「わたしにすがりついていてはいけません」という新改訳が援用される。またカルヴァンの解釈も引用される。この説教者は、いつもカルヴァンの言葉を聴いているようである。マリヤは、それまでの地上での主との交わりを継続しようとした思いが拒否されたのである。復活の主との交わりは、マリヤが思い込んでいたよりも「はるかにもっとずっと豊かな、祝福された、幸いな、不変な、不断の交わりでありました」。こう言って、この復活の主との交わりについて丁寧に説き明かすことが、この説教の中心となる。この復活の主イエスの臨在を語るのである。こうして主イエスの、今ここにおける教会における臨在を語る。「わたしたちは……もっと主イエス・キリストを知り、信じ、主イエス・キリストとの緊密な親しい生命の交わりを、約束の御霊によってもっている」。そこに教会がある。だから、「キリストの復活と教会」と題して説教をしたのである。

わが主よ、わが神よ

植村　環

ヨハネによる福音書　第二〇章二四―二九節

今日は、トマスという人の信仰の遍歴から、私どもが学ばせてもらいたいと思っております。
この人はイエスの十二人の弟子たちのなかで、最も内向的な人、最も悲観的な人であったと思います。容易に、物事をも、他人をも、そして自分をも信じえない気質を持っていました。けれどいったん信じるとなると、大胆にそのことに身を打ち込む、そういった面を持っていました。ヨハネ福音書の第一一章の一六節を見ますと、この人は他の弟子たちがなかなか口に出しえぬような思いを、思いきった言葉で言い表わしているのでございます。

当時、イエスはヨルダン川のこちら側で殺されそうになられまして、「わが時、未だ至らず」というおぼしめしで、ヨルダン川のむこう側――大分の距離であります――そこに退いて、しばらく祈りと黙想の時を過ごすおつもりでありましたけれど、いつものように多くの人々がみもとに集まって来まして、イエスのみ言葉を聞きましたし、信仰をおこした人たちが多くあったと、ヨハネによる福音書一〇章の終りの方に記してあります。そうしておりますうちに、青天霹靂《へきれき》のようなしらせが、ベタニヤのマルタ、マリヤからまいりました。いわく、「主、見よ、汝の愛したもう者、病めり」。名前が言われないで、汝の愛したもう者病めりと言われても、すぐとイエスはそれが誰かとおわかりになりました。そのように、イエスに愛せられていることを自覚する人々、またその家族は本当に幸せであると思います。それは、ご存じのようにマルタ、マリヤの兄弟のラザロでありました。エルサレムと、ベタニヤの彼らの住居のあります村とは、およそ九〇〇メートルぐらいであったかと思いますが、主は、過越、その他の祝いのためにエルサレムに上られます時には、おおかたベタニヤのこの三人姉弟《きょうだい》の家に泊まられたようでございます。そこからエルサレムの神殿にお通いになったようであります。

この際、主はその知らせをお聞きになりまして、すぐとベタニヤにお急ぎになるかと思いのほか、二日もそこに同じ所に留まられたとあります。なぜであろうかと私どもは考えるのでありますが、そこにこういう言葉があります。「神の栄光のため」。イエスは何事も、理由なくしてなさるお方ではありません。ラザロが死するということを、イエスは知っておられたと思います。そこにおいて大いなる神の栄光が顕われるということをイエスは知っておられたのであります。主イエスは、今もうじき世を去られるのでありまして、人生のことについて、死のことについて、そして復活のことについて、永遠の生命について、弟子たちとまた多くの人々に、できるだけ強い印象を残していかなければならなかったのであります。ラザロの死を予想なされて、イエスは二日たってから言われた。「我らの友ラザロは眠れり。されど我、彼を呼び起こさんために行くなり」。イエスにとっては、死は眠りでありました。でもこの眠りは醒める眠りでありますから、永眠というような字はあまり使いたくない、このように私の先輩が言ってくれました。

イエスがエルサレムの神殿に近づくということは大変に危険なことだったのです。もっと長くヨルダンの彼方に滞在しておられたらば、危険が遠のくかもしれなかったのです。でもイエスは決意をされて、エルサレムに行かれます。みんな、顔を見合わせて色を失っていたようであります。その時のトマスの言葉は、大変勇ましく大胆不敵な言葉であります。「我らも行きて、彼と共に死ぬべし」。行けばきっと主が殺されたもうと思ったのでありましょう。しかし「自分たちもイエスのおそばを離れずおろう、そして殺されるべくば殺されよう」と。このようなことであります。トマスという人はイエスを深く愛していた人であります。

ところが先にも申しましたように、彼にはもう一つ別の気質がありまして、彼はなかなかの皮肉屋であります。ヨハネ一四章の四節を見ますと、主イエスがやがて世を去って神のもとに行かれる、そして、大いなる使命のために十字架につかれることを、常々から言ってきかせていらっしゃいますから――しかし弟子たちは、それをまともには受けとってはいませんでしたが――イエスは言われた、「汝らは我が行くところに至る道を知る」。その道は十字架であります。それは十字架の前の晩、晩餐の席でおっしゃった言葉でございます。するとトマスが腹立たしげに言います。「主よ。何処に行きたもうかを知らず。いかでその道を知らんや」。

トマスという人は筋を立てることが好きな人であったのです。どうもイエスがこのごろおっしゃることは筋が立たんと思っていたのでありましょう。この人、飛躍ができない人だったんです。物質的な世界にとおるところの論理が、彼にとっては大変、常識的として受けとられるところのことでありました。その知性はなかなか豊かでありました。思いきりその知性を動員することのできる人でありましたが、トマスの霊的の想像力というものはまだ眠っていたようであります。主イエスが十字架におつきになりました後、人間イエスをひとえに愛していたところのトマスは、絶望状態に陥ったことは言うまでもありません。

はなはだしい苦悩の時に人間というものは一人でいたいらしいですね。人がいろいろ慰めてくれることも耳に入らない。一人でいたい。ほかの十人の弟子たちとまどいを作っていることがうるさくなる。一週間放浪していたようでございます。よく舵を失った小舟といわれますが、そのような状態でありました。また、腑ぬけといわれるような状態でありました。けれどやっぱり、彼の習性でございましょう、他の弟子たちのところに帰ってきたのであります。

すでにイエスは、十人の弟子たちに現われておいででございました。そして、トマスに対して十人の弟子たちは、エマオの二人の弟子たちの経験とか、マグダラのマリヤの経験とかを語り合っていたことでしょう。ペテロが一人で主にお目にかかったかもしれませんね。私どもは、ペテロがイエスにお目にかかったことを福音書では見ることはできませんが、パウロの書簡、コリント人への第一の手紙の一五章に、イエスは誰よりも先にペテロに現われたもうたように記してあります。そういう報告をされた時に、トマスはそれをどうしても拒んだのでございます。彼一流の意地っぱりでございます。そんなことがあるはずがない、「我は、その手に釘の痕《あと》を見、我が指を釘の痕にさし入れ、我が手をその脇に差し入るるにあらずば、信ぜじ」と言いきったということでございます。

次の日、八日たっておりますが、弟子たちはトマスを含んで二階座敷の一室にこもっていたわけであります。するとイエスが彼らの中に、突如として立っていらした。イエスというお方はいつでも弟子たちに現われたもう時には、「彼らの中に、立ちたもう」そう書いてあります。それが私どもの教会の姿でございます。私どもが礼拝する時、いつも主は私どもの中にありたもうということなのです。

主はトマスに対して何とおっしゃったか。「汝の指を、ここにのべてわが手を見よ。汝の手をのべて、わが脇に差し入れよ。信ぜぬ者とならで、信じる者となれ」。主はかわいそうなトマスのレベルに、くだってきてくださったのでございます。いつでも、主イエスはそうなさいますよ。主が栄光の位を捨てて、人の子になりたもうたことも、まず私どものレベルに降りたもうたことであります。トマスのところに降りたもうて、彼の手を引いておやりになった。彼の霊の手を引いておやりになったと言えるでしょう。彼は、いつもの、実証主義のかたまりのようなトマスでは、ありえなかった。彼の霊的感覚が急に燃えあがってきました。彼は霊の手で主に触った。それで十分であった。彼は、「わが主よ、わが神よ」と叫んだとあります。この、トマスの告白に、私どもは感動せずにはおられません。千万言にもまさるところの告白であります。短い告白。「わが主よ、わが神よ」。「私の主君、そしてただ一人の私の神」こういう言葉でございましょう。信仰告白です。

シモン・ペテロが、マタイ一六章の一六節によりますと大変に驚くべき信仰告白をしております。「汝はキリスト、活ける神の子なり」。そう告白して、主の御祝福をうけ、そしてそのような信仰の上に建てられる、主がそのなかにいましたもうところの教会が成立することを予告されました。けれども、トマスの場合、あの実証主義の筋ばかりたてて、霊的感覚の鈍っているところのトマスが、このような告白をしたということは、大したことであります。主は大変にお喜びになられた。こう告白しております彼には、主が十字架につかれる前、三年間、弟子たちと共におられていろいろと教えてくだすったみ言葉、また、人間の正しさとか愛とかを超えるところの、神の中にしかないところの義そして愛を、ご一身において、そのみ言葉において、その行動において、お示しになったということが、初めてのように彼の頭の中を走り回ったようでございますね。そしてその時の主のみ顔の御輝きが、トマスの霊の目に歴然と、目をくらますばかりにうつったことでございましょう。彼は、彼の霊の底から、主に対する新しい信頼と服従とを覚えた。そして、「わが主よ、わが神よ」。それだけです。それしか言えなかった。感あまって、それですべてでありました。後になってヘブル人への手紙の記者が申しました言葉、「それ信仰は望むところを確信し、見ぬものを真とするなり」（ヘブル一一・一）ということが、トマスにもわかってきたと私は思います。

かつて主は、トマスの聞いているところで、こういうふうにおおせられたと思います。マタイ一一章の二七節に、「すべてのものは我、わが父より委ねられたり。子を知る者は、父の外になく、父を知る者は子また、子の欲するままにあらわすところの者の外になし」。そのみ言葉が、前には謎であったでしょう。この瞬間、彼には、それが本当にそうであるに違いない、そのことが電光石火のようにひらめいてきたと思います。主イエス・キリストと父との関係は、世の中のすべての善人、聖人と神との関係とは違うのです。主イエス・キリストは、永遠に神のうちに在られてきた方であり、これからも在られる方である。そのことを、彼は霊の感覚で受け取りました。

主は、彼がお傍にはべっていた三年間、十二人の弟子たちに、ご自分と神との関係、また彼において弟子たちが神との間に持ちうるところの関係について、語りたもうたのでございますが、ちょうど、私どもも幾度も幾度も説教を聞き、祈禱会に出席し、また聖書をそれぞれ読みましても、なかなか腑に落ちないことがあり、そして心の底からそれに対して「然り」と言えないことがあるのでありますが、この時のトマスの魂はすべて肯定であったのですね。「そのとおりでございます。主よあの時あなたがおっしゃったとおりでございます。あなたはまことに神のうちにあられるお方。あなたは神であります。私はあなたに対してすべてをお献げいたします」という意味が、「わが主よ、わが神よ」という告白の中に、十分、含まれているのでありましょう。ほんとうに彼はいま、望むところを得た。いままで見なかったことを見たのでございます。

　主のみ言葉のなかに、「すべてのものは我、わが父より委ねられたり。子を知る者は、父の外になく、父を知る者は子また、子の欲するままにあらわすところの者の外になし。我を見し者は父を見しなり」(マタイ一一・二七、ヨハネ一四・九)。そのことが、トマスの今までの心に鬱していたものを、ことごとく風に吹き去られるもみがらのように吹き去ってしまったのでありましょう。しかしながら彼はまだ、イエス・キリストが贖罪をなさるためにいらっしゃったということは、わからなかったと思いますね。それは、主と共に四十日間おりまして示されることであり、そして、ペンテコステの時に、聖霊が降って主イエス・キリストについてすべてのことを知らせるとキリストが予告なさったように、聖霊が彼らの魂のうちに深く入りこんできて、そして主イエス・キリストの尊さばかりでなく、主イエス・キリストが、彼らのご主人であるということばかりでなく、主イエス・キリストが神であられるということばかりでなく、主イエス・キリストが贖罪者である、主イエス・キリストは彼らを全うなさるお方である、主イエス・キリストによってのみ、彼らが生き、そして成長することを得るものであるということがわかってくるのであります。まだ「わが主よ、わが神よ」と申し上げた時には、そこまではわからなかったに違いないと思います。

私どもは、次第に成長するものである。一足飛びに、誰かのようになれるとか、立派な人格者になれるかということを、私どもは願っては失望するのであります。順序を追って次第に私どもの霊の目が開かれてくる。教会生活というのは、そういうものですから、主が私どもの真中におりたもうところの教会生活を、うとんじていてはその成長はむずかしいのであります。ある時、ひらめきのように、「わが主よ、わが神よ」と叫んでも、あとが続かなくなっては大変です。どうぞ私どもは、主が私どものうちに立ちたもうところの教会生活を、あくまで重んじたいと思うのであります。

主は、いつも私どもに、「汝らは、我について何と思うか」とお聞きになる。そして私どもの告白を待っておいでになります。ペテロにそうおっしゃった時に、ペテロが答えたことを私どもは知っております(マタイ一六・一六)。主はまた別な時におっしゃってます。「我またはわが言葉を恥ずる者をば、人の子もまた、父の栄光をもて、聖なるみ使いたちとともに来たらん時に、恥ずべし」(マルコ八・三八)。主イエス・キリストというお方は、私どもが文句なく、ひたすらに、主イエス・キリストに対するところの信仰を告白することを求めていらっしゃる。しかし主はまた、非常に忍耐強くいらっしゃる。トマスがこのことを言うまで三年かかったではありませんか。だから私どもは、自分にあいそがつきるほど、自分たちが鈍い者である、私どもの霊的な感覚というものが非常に薄いものであることを知っておりますけれども、主は私どもをお捨てになりません。主はトマスをお捨てにならなかったのです。主は、「主を知らず」と言ったペテロをお捨てになりませんでした。主は主を売ったところのユダに対しても、終りの瞬間において、「友よ」とおっしゃった。「汝はわが友であるはずである。今でも帰ることができる」というおつもりであったと思います。

主ご自身が、神と特別なる関係にあられることを、いつ発見なすったのであろうか。ある人は、主は生まれながらにしてそのことを知っていらしたと言います。けれども聖書を読んでみますと、私どもはそういうふうに思いません。イエスは幼時から大変ご立派な方でいらっしゃった。幼児として、少年として、非常にすぐれたお方であられた。非常に信仰深くあられた。聖書を学ぶことがお好きであった。祈りをよくなさった。そして教会――すなわち神殿とか会堂とかが私どもの教会に似たものでありますね――神殿にいらっしゃって、そこにいつまでもとどまっていらして、親が探しに来た話がございましょう、十二歳の時。あの時に「わたしが自分の父の家にいるはずのことを、ごぞんじなかったのですか」と、親たちをおたしなめになった話があります（ルカ二・四一以下）。それほど主は、神をあがめ、神を愛していらっしゃった。神に愛せられていることを知っていらした。

しかしながら、ご自身が永遠なる神の御独り子であられるということ、それはだんだんに示された。やはり人間となられたのでありますから、だんだんと示されていらっしたのでございます。あのバプテスマの時、「これはわが独り子」という神のみ声を、心のうちにお聞きになったことが書いてありますのですね。ご自分と神との関係は、弟子たちや他の者たちと神との関係とは違う。ご自分のご使命としては、彼らみんなが、神の子供たるの位置にのぼるということのためにイエスが、大いなる献げものをなさるわけである。イエスが神に対してなさる献げものは、人間の罪をご自分の身にかぶって、その責任を果たしたもうことである。そのことがだんだん示されていらした。それにはやはり時間がかかったのであります。

イエス・キリストが少年の時分から、「我は、神の独り子なり」とおっしゃったとかいうことを言う人々がありましたら、それは少し思いすぎであると言わなきゃならないと思います。イエスは黙々と三十に至るまで家業を営んでいられた。親と兄弟姉妹たちの口すぎのことを励んでいらした。しかしその間に、いかに祈り、いかにみ言葉に学び、神との関係が非常に深くなっていらっしゃったか、人間として。しかしその間に、同時にイエス・キリストは、ご自分が神のうちからいらしたお方である、この地上の者たちを救うためにつかわされたご自分であるということを発見なすったのだと、私は思います。またそういうふうに私は教えられてきました。

あのバプテスマはどういうことでしょうか。イエスは、罪のないお方であったのに、人間の罪を負っていらっしゃるお方であるから、あの洗礼をお受けになられたのでございます。またご自身の新しいご自覚、世の救いのために立ち、ご自分を献げものとして神にたてまつるというそのようなご自覚が、あの時に非常にはっきりとイエス・キリストのうちに起こってきたと思うのでございます。その前から、だんだんとそういう次第になってきた。それが明らかになったのが、あのご受洗の時であったと思います。

あの復活の朝、マグダラのマリヤに対してイエスは何とおっしゃったか。「我らの神、我らの父」とはおっしゃらなかった。「わが父、汝らの父、わが神、汝らの神」（ヨハネ二〇・一七）とおおせになりました。イエス・キリストは永遠の昔から神のうちにあられた神の御独り子であられる。このことは知的に考えまして、また哲学的な解釈をいたそうと思っても、なかなかできないことでありましょう。私どもはこのことを信ずるのであります。どうしても、イエス・キリストは永遠に神のうちにいらした方でなければならない。このように、私どもは、み言葉を通して信じるのであります。

イエス・キリストは神であられる。神の御独り子であられる。神が人となって世に降られ、そしてまた、復活して霊のからだをもって今、私どものうちに、私どもの上に、全世界に対して、生きておられる御方である。このように、私どもは聖書を通して受けとり、そして信ぜざるをえません。あの中風の人の例をごらんなさい。「汝の罪、赦さる」。誰が、他の人間、どんなに清いどんなに偉い人であっても、心から人の罪を赦した人がありますか。自分に対して何か間違いをした人を真心から、「あなたを赦してあげます」と、言えるでしょうか。しかしながら、中風の人に言われたことは、彼の身に満つるところの神に対する罪でございますよ。その罪のゆえに、彼はあの病にかかっているのであります。まず、罪が赦されて、それからあの病がいやされたのでございます。このことを宣言なさったイエス。ほんとうに、人の罪を赦す権威を持っておいでになったイエス・キリスト。これは独特のお方。神との関係において私どもとは違うお方であられる。このお方によって私どもは、教会を与えられ、この教会がキリストの体であるがゆえに、この教会が、キリストが私どもにくだされる罪の赦しを宣言する。あるいは教会が、キリストが私どもに教えて下さった、そして、私どもがどうしても恐れなければならない主を信じない者の受ける審きについて、教会は宣言をしなければならないわけであります。

そのことを、教会がどこまでしているか、ほんとうに、その使命に対して忠実であるかということ、これは私どもこの復活の事実のあと、聖霊の降られたことを記憶するところのペンテコステの日がまいります。この間にようく考えてみなければなりません。

教会の使命は何であったか。キリストは教会を何のためにお建てになったのか。何のために教会の真中にキリストがいられるのであるか。教会の使命はキリストの救いを宣言することである。キリストが罪の赦しを与えたもうことを、ほんとに私どもの身に体得してこれを告白すること、これを発表することである。自分の身に体得しないで、どうしてそれを告白することができましょう。宣教することができましょう。私どもの宣教が弱いのは、私ども自身が主イエス・キリストが私どもにたもうたところの罪の赦しについての体験がうすいからです。私どもはほんとうに罪が赦されたということを信じているのでありますか。

今、私どもは一人の姉妹を、重い病床のうちに久しからずして天に送ろうとしています。彼女は大変信仰のあつい人であります。罪赦されたことを信じている人でありまして、私どもはそのことについては何の心配も持っていません。けれども時に、あの人の信仰はどうなっているかと思っている人が世を去ることを聞きます時に、私どもは、どうしたらよいかわからない。牧師のいちばん辛いつとめは、死に面している病人を見舞うことであります。自分がほんとうに罪赦されたことを確信し、主イエス・キリストのみもとに自分が行くのであるということを、期待しているものでないならば、死なんとする病人にその希望を与えることはできませんから。私どもはほんとうに教会が主によってこの権威を与えられていることを——主の救いを宣教するのは大変な権威であります——私どもはほんとうの告白を、トマスとともに、「わが主よ、わが神よ」、そして「わが罪赦されたり」と、この確信をご一緒に保ち、そしてこの国の救いのために働かせられたい。

やがて、ペンテコステを迎えます。その時まで私どもは、あの四十日間弟子たちが、主イエス・キリストによって、こまごまと教育していただきましたように、私どもは聖書を読み、祈りをなし、教会の礼拝につどい、そして主がほんとうに私の主であり、私の神であり、私の贖罪者であり、わが道であり、わが目的であり、私は主とともにおるのであり、私どもの中には主が立っておられるのであるということを、信ずるようにありたいと思うのでございます。

弟子たちはイエス・キリストの最後のお祈りを、どんなに深く感じて受けとっていたことでございましょうか。ヨハネ一七章のお祈り、「永遠の生命は唯一の真の神にいます汝と、汝のつかわしたまいしイエス・キリストを知るにあり」。ほんとに私どもはそう思っているかどうか。正直に深く、今、考えてみたいと思います。そして、トマスのように、霊の眼《まなこ》、霊の耳、霊の感覚が開かれて、そして正しい告白を主の前にしたいと思うのであります。

（一九七二年四月九日）

（『植村環著作集1』新教出版社、一九八三年所収）

植村《うえむら》 環《たまき》（一八九〇―一九八二）

植村 環は、一八九〇年（明治二三年）八月二四日、東京の麴町に、正久、季野の三女として生まれた。その生い立ちについては自伝的叙述（『植村環著作集3　私の歩んだ道――自伝・随想・書簡』新教出版社、一九八五年）がある。ユニークな叙述であり、娘の見た植村正久夫妻の姿もよく描かれている。女子学院予科（中学部）に入学した。日曜学校で育てられたが、一三歳のとき、大人になるとの自覚と共に人間の醜悪に耐えられず、毎日「死にたい」と独り言を言うようになった。しかし、また女子学院という信仰の環境の感化も強く、やがて親友の渡邊貞子（のちの石原謙夫人）と毎日午前五時に起きて、互いに訪ね合い、共に聖書を読み、祈りをするようになった。ほぼ一年祈り続け、一九〇五年の復活主日に、一緒に植村牧師から洗礼を受けた。一四歳であった。

女子学院で一〇年間学び、一九一〇年、高等科を卒業。英語を体得し、卒業論文では信仰と知識の問題を論じたそうである。一年間、更に準備して、一九一一年、米国マサチューセッツ州のウェルズリー大学入学。それに先立って富士見町教会の日曜学校校長であった技術者川戸洲三と婚約している。ガン専門の医療宣教師になろうと思い、医学を専攻しようとしたが途中で哲学専攻に変更した。留学中、一度川戸の了解の上で婚約を解消したが、改めて婚約し直した。一九一五年に帰国、津田英学塾、女子学院で二年間教鞭をとった。一九一七年、川戸と結婚。上大崎に住まいを定める。直ちに日曜午後、植村正久の来援を得て、数名で家庭集会を始めた。これがのちに白金教会となったのである。結婚後一年で長女俟子誕生、しかし同じ頃、夫に脳腫瘍の症状が現れ、一九一九年、手術中に死去。入院中、毎朝、川戸はみとりの看護婦に聖書を説き、ふたりの看護婦は川戸の死去後、直ちに受洗したそうである。同じ年、長男晴彦誕生。一九二〇年、妹の恵子が留学先の米国で腎臓結核のために死去。一九二一年、羽仁夫妻の自由学園創立に際し、教師となって協力した。一九二三年、関東大震災を体験。その年、小児麻痺で悩んでいた長男晴彦を疫痢のために喪った。一九二四年末、有志の寄贈により、淀橋の柏木に住居を与えられ、父母と共に移った。その直後、一九二五年一月、父正久が心臓発作で急逝した。

父の逝去後、母の励まし、友人の助けもあって、伝道者になる志を新しくし、同じ年に、一人娘を置いて、スコットランド、エディンバラのニュウ・カレッジ及び、エディンバラ大学神学部に入学した。一九二九年、四年の学びを終え、神学学士の学位を終えて帰国。翌三〇年四月、日本基督教会東京中会において准允を受け教師試補となり、六月七日、母の季野が逝去した。同年一〇月、柏木の自宅で伝道を開始した。ひとりの学生求道者の訪問に始まったのである。また同年、日本神学校、東京女子大学、東京聖経女学院にて教えるようになった。一九三一年、日本基督教会柏木伝道教会建設式を挙行、その主任者となった。一九三四年四月、日本基督教会東京中会で按手礼を受け、教師に任職。当時では女性牧師は珍しかったようである。同年、柏木教会は最初の教会堂を献堂した。一九三七年、台湾の台南で、キリスト教学校が神社参拝を拒否したり、校長が英国人であることが問題となり、日本基督教会は、これを助けるために植村 環教師を派遣、台湾に赴き台南長老教会女学校校長を一年だけ務めている。一九三八年、日本ＹＷＣＡ会長となり、五八年まで二〇年間在任した。

一九四五年、柏木教会教会堂も植村の自宅も空襲で焼失。再建したのは四年後の一九四九年であった。敗戦後一年の一九四六年、北米長老教会婦人会の招きで渡米、ほぼ一年滞米生活をしている。中国、フィリピンなどの女性たちとともに巡回し、説教し、講演したのである。帰国した一九四七年、宮中呉竹寮において三内親王に毎週聖書講義をするようになり、一九五一年三月にまで及んだ。アメリカの教会の女性たちが日本の皇室に聖書を託し、これを届けたことに始まると伝えられる。一九四八年から六年間、国家公安委員に選ばれている。敗戦後、キリスト教会が社会的にも脚光を浴びていた時代、その象徴のように日本社会で知られた存在となった。一般的にも知名のひととなったことも利用し、日本各地に招かれて伝道した。また父正久の志を継いで、開拓伝道に力を注いだ。例えば、一九四六年、豊島区千早町の教会員宅における家庭集会を手がかりに教会を建設、豊島北教会を産んだ。一九六三年には、やはり家庭集会を手がかりに小平教会を、一九六七年には世田谷千歳教会を、一九七二年には南柏教会を建設している。

敗戦後、日本基督教団から離脱する諸教会が増えた。一九四九年、柏木教会は新しい教会堂献堂とともにみどり保育園を開設している。一九五一年、旧日本基督教会の教会から、教団を離脱し、新しい日本基督教会を形成する動きが起こり、植村牧師は柏木教会とともにいち早くこれに加わった。一九五五年、湯川秀樹、平塚らいてう、前田多門らとともに世界平和アピール七人委員会を作り、平和運動を進めている。この頃、教会員の中に植村牧師の説教にも牧会にも批判的な声が上がり、一九五七年、一二名の長老のうち三名を含む、二〇名の会員が教会を離脱、更に伝道師が辞任している。このこともあり、社会状況の変化もあり、教会内での働きに力を注ぐようになった。

一九七三年、八二歳のとき、胆石摘出の手術を行い、健康の衰えを自覚し、牧師辞任。晩年、在宅介護を受け、老後を養ったが、一九八二年、老衰のため河北病院に入院、同年五月、地上の生涯を閉じた。九一歳であった。

植村 環は短い文章をかなり多く発表している。それらは、一九八三年から新教出版社が刊行した『植村環著作集』全三巻に収められている。それにも収録されているが、説教集としては、『来たれ往け』（柏木教会刊行、一九六一年）、『朝の光　上より』（新教出版社、一九七四年）がある。それに加えて、二〇〇四年、日本キリスト教団出版局から、シリーズ「日本の説教」第一〇巻として『植村 環』が刊行された。

私が金沢で伝道していたとき、正確な日付を忘れているが、植村 環牧師が、私が牧師であった若草教会において伝道集会をしてくれたことがある。私の母は、徳川家の奥女中をしていた若いころ、徳川家に伝道に来た植村正久に出会い、洗礼を受け、富士見町教会員であったが、そのとき環の指導を受けていた。そのことを覚えていてくれて、北陸伝道旅行の途次、自分の方から申し出て、立ち寄ってくれたのである。説教題を「平和の本体」とするという連絡があっただけであった。大した宣伝もしなかったが、会衆は三五〇名を超えた。礼拝堂一杯であった。植村は賛美歌を歌うことも求めず、祈禱ののち、原稿も持たず壇に昇り、置いてあった聖書を次々と開きながら、創世記から黙示録までを一気に語り、聖書のメッセージは平和に集中し、しかも神との平和無くしては一切の平和は成り立たないと断言した。きっぱりとした、丁寧な、品格のある言葉に感服したことをよく記憶している。何度も語った説教であろうが、見事なものであった。

植村 環の説教は、日本基督教会に多く見られた説教の典型のようなものである。常に聞き続けた植村正久の説教を手本にしていたに違いないと思われる。若いときから最後の説教に至るまで本質的に変わらなかったのではないか。それは言い換えると、説教とは何か、説教をどのようにしたらよいかということを、父の説教を聞きながら体得していったのではないか、と思われる。

ここに紹介する説教は、一九七二年四月九日に語られたものである。既に八〇歳に達してからのものである。説教はメモ程度のものを準備し、かなり自由に語られたものを録音から書き起こし、多少筆を入れて整えたものではないか、と推測する。ほぼいつもそうしていたのであろう。かなり長いものである。

植村 環は、連続講解説教をしてはいなかったと思われる。聖書的な説教であることは基本であるが、厳密な意味で、一定のテキストの講解をしているわけではない。この説教は典型的な仕方で聖書を物語っていると言えよう。ここでもトマスという聖書の人物を物語っている。実証主義で、疑い深かったトマスに、どのようにして主イエスが会ってくださったか、どのようにしてトマスが、キリスト告白をすることができたか、ペテロと対比しながら語る。トマスに起こった霊的な出来事を語る説教者の口調は、同時に説教者自身の信仰の告白でもある。そして、ここにおよそ教会に生きる者の姿の典型を見るのである。そこで説教の後半は、キリスト論的な教理を語りつつ、トマスを捨てなかった主イエスの恵みを語る。罪の赦しの権威に生きる牧会者、教会の権威を語る。

ついでに言えば、植村 環は説教を語る堂々たる日本語を体得していた。ここで古風ではあるが、一種の完熟した日本語の説教に出会うのである。

夜明け前

鈴木正久

ルカによる福音書　第二四章

今日は復活祭――キリストの復活を祝う主日です。

キリストの復活――これは私たちの信仰の中心であり、キリスト教会の中心です。私たちが神を信じると言っても、世の中の人はあまり驚きません。ああそうか、というようなわけです。しかし私たちがキリストを通してだけ神を信じるのだというと、世の中の人は少し首をかしげます。それはいったいどういうことだろう、おかしいんじゃないか。しかし死人の中から復活したキリスト、キリストのよみがえりを我々は信ずるのだというと、人々は首をかしげるというか、とんでもないというか、そういうふうになります。しかし私たちは漠然と神を信じるのではなく、キリストによって神を信じるのであり、死人からのよみがえりを通して、キリストの復活を通して、そのキリストを信じているわけです。ですからこのキリストの復活というのは、われわれの考えと、全くはげしく、自動車が正面衝突をするようにぶつかり合うことだ、ともいえるかもしれません。

今朝、このルカによる福音書の二四章の、キリストの復活の物語を私たちは耳にしたのですが、一一節を見ると、「愚かな話」ということばが出てきます。人々は（そしてそれは実にキリストの弟子であったのですが）、ばかばかしい話だと思った。これはほんとうにばかばかしい話なのか、したがって私たちがキリスト教徒になる、しかもムキになってキリスト教徒になるなどということは、ほんとうにばかばかしいことを真に受ける、頭が少しおかしい人間であるということであるのか、そういう問題がここにあります。同じことばが二五節に出てきます。

そこでイエスが言われた、「ああ、愚かで心のにぶいため、預言者たちが説いたすべての事を信じられない者たちよ――」。

「愚かで心のにぶい者」、これはキリストのことばです。それともそう思う我々の方が愚かなのか、心がにぶいのか、自分でかしこいと思って、キリスト、あるいはその復活をせせら笑う、そのように自分はかしこいと思っている人が、実は愚かなのか、心がにぶいのか、ここには神の知恵があらわれているのか――こういう問題です。こういうことを使徒パウロは、「神の愚かは、人よりもかしこい」という逆説的なことばで言っています。いずれにせよ、このような決定的なキリストの復活を、今日私たちはよろこび祝っているわけです。

復活は、福音書全体を通じて夜明け前であったといわれます。これは印象的なことです。それは夜明け前の出来事でした。「週の初めの日、夜明け前に」とこの二四章の初めにも書かれてあります。夜明け前というのは、夜の暗さがひときわ濃い時です。それと共に、そこには明るさが近づいている時です。

この「夜明け前」ということばは、キリストの復活物語においては象徴的でありまして、ここには確かにひときわ濃い人間の心の暗さがあらわれています。それをまず見てみましょう。

ここに出てくる人ですが、こういうふうに書かれています。まず四節を見ると「途方にくれている」、また五節を見ると「女たちは驚き恐れて」、とあります。あるいは一七節を見ると「彼らは悲しそうな顔をして立ちどまった」、とあります。これは私たちがしばしば経験する状態です。時には本当にそうなのである、時にはいくらか文学的な気どりをもってある程度わざとそうなのである。しかしいずれにせよ、私たちには、途方にくれ、驚き恐れ、悲しそうな顔をする、そういう自分があります。

しかしここには――あの「夜明け前」というのは、明るさが近づいて来ることですが――そのような明るさがあります。強い明るさがあります。四節に「見よ、輝いた衣を着たふたりの者が」――これは別に特にりっぱな高価な着物というふうなことではないでしょう。とにかく着物まで輝いている、強い明るさです。そしてこの二四章に出てくるこのことば――それは二人の天使とイエスによって語られたというのですが――そのことばの一つ一つは、鉄のハンマーで地面を叩くように力強く私どもにひびきます。二六節には「キリストは必ず、これらの苦難を受けて、その栄光に入るはずではなかったのか」――「栄光」ということばが出てきます。あるいは三二節には「道々お話しになったとき、また聖書を説き明してくださったとき、お互の心が内に燃えたではないか」――「途方にくれた」「悲しそう」というのではなく、「お互の心が内に燃えたではないか」、あるいは三八節に、「そこでイエスが言われた、『なぜおじ惑っているいるのか』」——このように明るさがあらわれてきます。

キリストの復活物語は夜明け前の話です。ということは、夕方ではありません。夕方と夜明けはよく似ています。明るさと暗さがまじっている。夜明け前というのは、実は夕方よりもっと暗いわけです。しかし夕方と夜明けは違います。夜明けというのは、夕方のように暗さが明るさに勝つのではなく、明るさが暗さに勝つのです。それで四九節を見ると「上から力を授けられる」ということばが出てきます。あるいは五二節に「彼らは〔イエスを拝し、〕非常な喜びをもってエルサレムに帰った」——「非常な喜び」——この復活の話はそういうふうに終わっています。

この夜明け前の暗さというのは、どういう暗さなのでしょうか。私たちがそういう時に、途方にくれ、悲しそうな顔をしている、そういう暗さは、どういう暗さなのでしょうか。このキリストの復活物語というのは、聖書を私たちが読む時わかるように、罪とそれによる死に対する勝利です。神の正しさと生命の勝利です。これがキリストの復活物語です。したがってここに出てくる人間の暗さというのは、罪とそれによる死に負ける暗さです。

こういう暗さについて、私たちは、ただ一つのことだけを今考えてみましょう。それはわれわれの弱さです。聖書によると、死というのは弱さと共通しています。罪による死というのは、罪によってわれわれが弱い人間となるのである。暗い気持ち、その時私たちは弱い人間です。そういう弱さが罪から生じてくる。それはいったいどういうことか。今言ったように、ただ一つのことだけをここでは考えたいのですが、それは「自己憐憫」ということです。私ほどかわいそうなものはない、そしてそういう時私たちは他人を恨みます。ちょっとこまかく考えてみるとすぐわかることは、そういう場合、私たちはふだん以上に、自分は正しい、そしてほかの人はまちがっている、悪い、とこう思っています。仮に自分に悪い点があるにしても、悪いとまでは思えなくて、しかたがないじゃないか、とせいぜい思うだけです。そして他の人は悪い、とんでもない人間だ、こういうふうにますます思われてくるわけです。ということは、それはたかぶりです。たかぶりというのは、確かにあの聖書がいう罪の中心です。自分が正しい、他の人が悪い、こういうふうに思う。そういうたかぶりと密接に結びついて、私ほどかわいそうな者はない、あの人はひどい、恨む、こういう時私たちは、あの悲しんだ顔付きの人間になります、途方に暮れたような人間になります、暗い気持ちになります。そしてその時私たちはほんとうに弱いのです。いい年をしてまるで自分が、いじめられているかわいそうな子供のように感じられてくるわけです。ということは人間の卑小化です。自分というものをほんとうにだらしがない、小さなあわれなもののみたいに卑小なものに、自分自身で考えてしまうことです。これは、キリストのいわれるところによると、われわれの魂の眠りであり、悪い誘惑です。キリストがゲッセマネの園でそういうことを言われました。それはこのルカの福音書ですと、少し前の二二章なんですが、二二章の四五節と四六節を見ますと、こう書いてあります。

　祈を終えて立ちあがり、弟子たちのところへ行かれると、彼らが悲しみのはて寝入っているのをごらんになって言われた、「なぜ眠っているのか。誘惑に陥らないように、起きて祈っていなさい」。

　ここでキリストは、悲しみに負けることと、魂が眠ることと、誘惑というものを同じこととして言っておられます。われわれが、私ほどあわれな、かわいそうなものはない、そしてなんと他の人はひどいんだろう、悪くない私がこんなにひどい目に会っている、そういう具合に悲しげになっている、ということは魂の眠りであって、それは誘惑だというのです。目をさまして祈るということは、そのようなちっぽけな、卑小な自分にならないようにすることだ、というわけです。

これは教会の誘惑です。キリスト者の誘惑です。これは私たちが弱い人間になるということです。教会の中では、クリスチャンであれば、復活を公然と否定している人はあまりありません。たまにクリスチャンでありながら、時には牧師でありながら、自分はキリストの復活なんか信じないという人がありますと、まわりの牧師たちは、クリスチャンは、とんでもないと言います。しかし、教理的には復活を信じながら、実際には何か弱々しい空気が教会の中にみなぎっている場合があります。クリスチャンの中に、牧師の中にもみなぎっている場合があります。これは実質的にはキリストの復活を信じないことである、といえるのではないでしょうか。

ギリシア神話にイカルスという人の話がありますが、ろうで作ったはねを体にくっつけて太陽に向かって飛んでいった。だが、太陽に近づくに従ってはねがとけてしまって、地面に落っこって死んだというのです。われわれの罪による死は、あのたかぶりのはねで、私は正しい、他の人はまちがっている、というたかぶりのはねで、上に飛び上がってゆくことと表裏をなしていて、だのに私はほんとうにひとりで苦労しているかわいそうな人間だ、他の人はけしからんといった自己憐憫と恨み、そして暗い気持ち、弱さと自己の卑小化、そういうことの中に落ちてゆくわけです、つまり死の中へです。

旧約聖書にはイスラエルの話が出てまいりますし、新約聖書には教会やキリスト者の話が出てくるのですが、これを見るとこういうことに気がつきます。イスラエルとか、教会が弱くなる場合には、なまじっか神やキリストを知らない世間の人よりも、もっと弱くなるということです。ということは、あの旧約聖書のイスラエルや新約聖書の教会やクリスチャンが、主なる神を心から信じている場合には、確かに、どの人よりもはるかに強くなる、ほんとうに強い人間となる。しかしその主なる神への信仰に立たない場合には、私たちはもはや世の中の神を信じない人のように、自分のただ現世的な利益のために恥も外聞もなくがんばるとか、あるいは、ただ権力にしがみついて人と対抗するとか、党派をつくるとか、そういう要素は希薄になっているわけですから、世の人よりももっと弱い人間になってしまう――こういうことが、あるわけです。

今日は復活祭の日です。私たちはこのような日に主をあがめたいと思います。あるいは主のみわざを賛美したいと思います。あるいは私たちは、何かを自分なりに主に捧げたいと思います。私たちが、この復活のよろこばしい日に主をあがめる、主のみわざを賛美する、何かを主に捧げるとすれば、それはどういうものでしょうか。この復活物語を読む時に、私たちはこのように思わされます。それはあの弱さを清算することだということです。あの弱さを片づけることに向かうことだ、ということです。それこそ主をあがめることであり、主のみわざを賛美することであり、私たちが主に捧げるよい捧げものではないでしょうか。私たちが、罪と死に負けているあわれな状態、それをふとんをたたむように、たたんでしまおうとすることに向かうことだ、ということです。主をあがめるということは、われわれが強い人間であることです。主に何かを捧げるということは、あのような弱さを自分の中から取り除くことです。強い人間となることです。そのことこそ、あのようなよいみわざをなさり、罪とそれによる死からわれわれを救い出された、主のみわざを賛美することです。

さて、このルカの二四章の復活物語で、全体を通じて目立つ一つのことばがあります。そのことを考えてみましょう。それは「必ず」ということばです。たとえば七節に、「すなわち、人の子は必ず罪人らの手に渡され、十字架につけられ、そして三日目によみがえる、と仰せられたではないか」。ここに「必ず」といわれます。あるいは二五節から二六節、「そこでイエスが言われた、『ああ、愚かで心のにぶいため、預言者たちが説いたすべての事を信じられない者たちよ。キリストは必ず、これらの苦難を受けて、その栄光に入るはずではなかったのか』」。あるいは四四節、「それから彼らに対して言われた、『わたしが以前あなたがたと一緒にいた時分に話して聞かせた言葉は、こうであった。すなわち、モーセの律法と預言書と詩篇とに、わたしについて書いてあることは、必ずことごとく成就する』」、これは「必然性」です。

私たちは必然ということを運命論的に使うのが普通です。たとえば、今「アポロンの地獄」【編者注・ソポクレス「オイディプス王」を原作とした映画】という映画がたいへん有名です。「泣いたって笑ったって、おれはこういう冷たい運命に支配されるんだ」というギリシア神話の映画ですが、大の男がついに盲目になってあわれな笛を吹いている。そして世の中の人全体が結局はこうじゃないか、とわれわれに呼びかけている。なかなかよくできたもっともな映画ですが、しかし人間というものは、大の男があのように涙を流してあわれな笛を吹いてみんなに訴える、みんなそうじゃないか、というだけのものか、それが必然性か。「必ずこうなる」ということはそういうことか。映画として見ているぶんにはさしつかえないけれども、それがほんとうにそうだという訴えかけであるならば、それは恥ずべき何かではないだろうか。それは神話としてはなかなか深刻な思想であるけれども、われわれが、もしそのようなものだと自分の心と甘えっこをしているとするならば、そして、そのようなお互いの卑小化というものに甘んじているとするならば、これは恥ずべきことではないか。聖書の復活物語に目を向ける時に、私たちはそういうことを感じさせられます。

私たちはどうしようもない、といいます。必然性だ。いったい何がほんとうにどうしようもないことなのか、何が必ずということなのか。聖書における必ずというのは、必然性というのは、あのような一種の実存主義者がいうような必然性ではなく、あるいはマルクスがいうような必然性とは必ずしも同じではなく、今、この、必ずという言葉が出てきたところにあることです。これが聖書のいう必然性です。それは、キリストの死は必ず起こる、罪による死――そこで、われわれはあのような弱い者となっている、自分を卑小化している――その只中からわれわれが救い出されるということは必ず起こる、神によって必ず起こる、そしてわれわれが新しいいのちに歩むということは必ず起こる、これが人間の必然性である。それ以外にどうしようもないというものは存在しない。ですからあのパウロは――パウロというのは何という強い人間だろうか、と私たちは思うのですが――ローマ人への手紙の中で有名な言葉をいっています。「夜はふけ、日が近づいている。それだから、わたしたちは、……光の武具を着けようではないか」（一三・一二）。

夜がふけたというのは、暗いということ、ほんとうに暗いということです。ほんとうに暗い中で、われわれはどうしようもないというのである。だが、ほんとうに暗い、だからもはや夜明けだ、私たちは光の武具をつけるのだ――。ゲオルギュウという人は、もう二〇年も前のことですが、第二次世界大戦が終わった時に、世の中が暗く思われました。夜はふけた。そして彼は、『二五時』という小説を書きました。もはや夜明けはないのだ、二四時の次にくるのは二五時だ、一時、二時、三時、四時と夜明けに向かうことはないのだ、われわれは、こんなでは、もう希望もないのだ、夜はふけた、だが夜明けはないのだ、だからお手あげだ――それは失意の哲学です。失望の哲学です。実際、私たちは真夜中に夜明けがないと思うのみならず（パウロは真夜中に、だから夜明けだといったのですが）、真夜中に夜明けが来ないと思うだけではなく、まだ夕方のような時に、もはや真夜中だ、もはや夜明けはない、というふうにさえ思います。

彼らは互に言った、「道々お話しになったとき、また聖書を説き明してくださったとき、お互の心が内に燃えたではないか」。（三二節）

弱さでないものが、ここにあります。弱さというのは、心が内に沈む、心が内にうなだれてしまうことです、たき火に水をかけてしまうようになることです。だが心が内に燃える、こういう人間――これは強い人間となることですし、この復活物語は、それがわれわれの必ず進ませられる道である、と私たちに言っています。

そうして二八節を見ますと、またこうも書いてあります。「それから、彼らは行こうとしていた村に近づいたが、イエスがなお先へ進み行かれる様子であった」。もし弟子がしいてとめなければ、イエスは更に更に弟子たちの先に立って進んで行かれたわけです。イエスは我々の前に先き立って進まれる、まことに我々のあの弱さに同情して、私たちと一緒に立ちとどまられることはあるけれども、私たちを更に前進させんがために、立ちとどまられることはあるけれども――そしてそれが、ここでは聖餐式の意義だといわれていることなのですが――イエスは常に我々の前に立って進んで行かれる、ということは、いつも新しい道が自分の前に、このキリストによって開かれていくということです。

　新しい道が、ということは、この世間で、五つか六つの種類の、これが人生だと週刊誌に出てくるような、レディ・メイドの、デパートで売っているような、そういう人生の一つを私の人生として選び取るのではなくて、イエスが前に進んで行かれることによって、この自分というひとりの人間に、これが私の人生である、というようにつかみとられる、発見される新しい道、それが開けてゆくということです。我々が卑小な人間であることから抜け出して強い人間になるということは、そのような自分の人生を把握する人間になる、ということです。「心が内に燃える」人間となること、そして自分の道、他の人は他の人、私は私である、その自分の道、それを見いだしてゆく人間となること、復活の主日に当たって私たちが、主をあがめ、それに自分なりの捧げものをするとするならば、それは私たちが、このように、あの私たちに向かってさしてくる光に、なお、自分を取り巻いている暗さの中で向かうことだ、といえるのではないでしょうか。

祈禱

　十字架の死において、私たちの罪による死、それから私たちをあがない出すみわざをひとたび永遠になしとげ、死人の中から最初によみがえられたことによって、私たちの暗さの只中に光を投じたもう主よ、私たちをあの罪による死の弱さから救い出し、私たちの前に先き立って進まれ、私たちに自分の人生を把握するようにしてくださいますことを感謝いたします。

あなたが、私たちにみ言を語られつつ、私たちと共に歩まれる時、私たちの心は内に燃えます。そして私たちは、あなたを知らなかった時と異なる、強い人間になります。どうか、私たちが、主のみこころにかなってほんとうの意味において強い人間となることにより、あの罪による死とたたかい、それから脱却する歩みをつづけることによって、あなたのよいみわざを賛美し、あなたに感謝し、またあなたにこのような自分自身を捧げるに至ることができますように、主よ、どうか私たちをかえりみてくださいますように。

主イエス・キリストのみ名によって、お願いいたします。アーメン

（一九六九年四月六日）

（『鈴木正久説教集』日本基督教団出版局、一九六九年所収）

鈴木正久《すずきまさひさ》（一九一二―一九六九）

鈴木正久は、一九一二年（大正元年）八月七日、千葉県習志野に、正義・ゆきの次男として生まれた。父は軍人であり洗礼を受けていたが、牧師に躓いて教会から遠ざかった。母は、その後洗礼を受け、キリスト者としての生涯を全うした。一九二五年、父が脳溢血で倒れ、父の郷里静岡県中泉に移転した。一九二七年、県立中泉農学校入学。一九二八年、姉の誘いで中遠教会に出席するようになり、翌二九年、満岡久馬牧師から洗礼を受けた。一六歳であった。一九三〇年、農学校を卒業、青山学院神学部予科に入学。

一九三六年、同神学部を卒業、日本メソヂスト碑文谷教会牧師となる。「日本メソヂスト時報」編集主任を兼任。日中戦争勃発、日本メソヂスト教会が、「時局に関する宣言」を発表、国家に協力する姿勢を見せたところ、「時報」で、これを厳しく批判した。一九三八年、亀戸教会牧師。父死去。一九四一年、日本基督教団成立。一九四二年、本郷中央教会牧師。一九四五年三月の米軍大空襲で牧師館焼失、残った礼拝堂に被災者七〇〇名を収容したことがある。一九四六年、駒込教会（後に西片町教会と改称）牧師となる。精力的に伝道した。説教を重んじ、また家庭集会を開き、多くの青年男女が集まった。礼拝出席者は一五〇名を超え、東京で有数の教会として評価されるようになった。ただ人数が多いという事ではなく、独特の信仰に根ざす信徒集団が育てられたからである。一九六一年から一年間、ドイツ合同福音教会の招きでドイツ滞在。一九六六年、日本基督教団議長に選任される。

一九六七年、議長名で「第二次大戦下における日本基督教団の責任についての告白」を公にした。翌年、教団議長に再選。当時の教団を導く有力な指導者として期待されたが、一九六九年七月一四日、膵臓癌のため急逝した。五六歳であった。

西片町教会牧師として、また教団議長として、伝道、教会形成に力を尽くしただけではなく、社会的問題に対する関心、責任感も強い牧師であった。例えば一九六五年、ベトナムに平和を求めるキリスト者緊急会議の発起人のひとりとなり、アメリカに特使を派遣している。一九六八年、プラハにおける第三回世界キリスト者平和会議に参加、開会礼拝で説教をしている。同年、世界教会協議会（ウプサラ会議）に参加、中央委員に選ばれたりしている。

才気煥発、勇気も知恵もある伝道者であった。よく学び、教養もあり、文筆の才にも恵まれていた。そのために著書も豊かであり、評価された。いくつかを紹介する。カール・バルトの神学紹介のために努力し、ゴルヴィツァーが編集した、バルトの『教会教義学』の紹介書を、一九六一年に日本基督教団出版部から出している。特に評判になったのは、バルトの『教会教義学』第三巻第四分冊の内容をわかりやすく鈴木が紹介し、四巻に分けて一九五四年から五五年にかけて新教出版社から刊行した、キリスト教倫理に関する書物である。これは評判になり、バルト神学、特にその倫理学を理解するためのすぐれた手引きとして評価され、しばしば引用されたものである。聖書にも造詣深く、『聖書新解　テモテ前後書テトス書』（教文館、一九五二年）、『信仰と自由の手紙――ガラテヤ人への手紙講解』（新教出版社、新教新書一〇〇、一九六五年）、『神の国のおとずれ――マルコ福音書によるイエス伝講話』（新教出版社、一九六九年）などがある。また『信仰・希望・愛』（日本基督教団出版部、アルパ新書一九、一九六〇年）などの信仰指導書があり、逝去後であるが『喜びの日も涙の夜も――聖想三六六日』（新教出版社、一九九五年）が刊行されている。なお『鈴木正久著作集』全四巻が一九八〇年に新教出版社から刊行された。説教集は、逝去と同じ年、一九六九年に『鈴木正久説教集』が日本基督教団出版局から刊行された。更に同出版局から、シリーズ「日本の説教」第一五巻として、『鈴木正久』が村上伸の丁寧な解説が付せられて刊行されている。

この解説を書いた村上は、東京神学大学在学中、六年間にわたって鈴木牧師の説教を聞き続けた牧師である。村上は、そこで聴き取った鈴木の説教の特質を次のように挙げている。村上は神学大学を終えてすぐ、西片町教会が始めたばかりの開拓伝道地、愛知県安城市に伝道者として派遣されたひとであるが、派遣に際して、鈴木から「とにかく説教を、祈りをもってよく準備するように」と言われたそうである。鈴木牧師自身がそうしていたのであろう。村上が何よりも強調するのは、鈴木牧師の説教が、渾身の力を注ぐ「真実さ」を特質とするということである。これはどの説教者についても言えなければならないことであるが、鈴木牧師の説教については、確かにまず強調すべきことである。何よりも嫌ったのは職業的な牧師になることであり、不思議なことであるが、どこか、牧師らしさを捨ててかかって伝道し、説教していることであった。存在そのものが神の言葉として説教を語る姿勢であり、ひたむきな真実さがこころを打ったことは確かである。次に村上が言うのは、鈴木牧師は軽妙な座談のひとであったが、説教には、その趣は少なく、むしろ重苦しいほどの言葉であった、ということである。これは、説教集などで、その言葉を読むだけのひとには、むしろ意外である。読むと軽妙な口調を感じる。雄弁であるとさえ思う。しかし、聴くひとには重い言葉であった。それは説教が語る事柄の故であろうと村上は言う。説教者がひたすら存在を傾けて語る「キリストの福音」のなせるわざだと理解する。鈴木は一九七〇年に、自伝『王道』を日本基督教団出版局からアルパ新書の一冊として刊行したが、その中で満岡牧師と彼の長男から、それまでの教会に対する不信感を一挙に拭い去られ、受洗したことを述べている。そして自分は教会に対して真実を貫こうとしたのである。村上は、ここで、そのことに言及している。それを説明し、鈴木は説教を自分の好みで素材を料理するようなものではなく、自分が「出会う主の言葉」であると理解していたと言う。従って説教は聴くことに始まり、聴くことに集中する。説教をしながらも鈴木牧師は聴き手を見るよりも、むしろ天にある一点に、その独特のまなざしを向け続けていたように思う、とさえ述べている。この「聴く」ということは、聖書に聴く、ということであった。これが鈴木の説教の方法を規定する。ほとんどの説教において、まず、その日に読まれた聖書テキストから聴き取った主題を「イエス・キリストの姿が鮮やかに浮かび上がるように」提示した。鈴木牧師の説教は、そのようにして聖書的で、キリスト中心の説教になったのである。その次に村上が挙げるのは、説教が語られる時代、社会状況に対する鋭い感覚であり、洞察力の豊かさであり、その聴き手が置かれている状況というコンテキストで、説教の言葉を語ったということである。しかも福音の視点からの批判の言葉の鋭さもひとを動かしたのである。最後に村上が挙げる鈴木牧師の説教の特質は、卓抜な比喩ということである。これは、もう少し広く言うと、説教の言葉が文学的であるということである。イメージが豊かということである。文才豊かなひとであったのである。

ここに紹介する説教は、『鈴木正久説教集』掲載のものであるが、一九六九年四月六日、復活主日のものである。地上の生涯を閉じるほぼ三箇月前のものである。自分の死を予感していたのかは定かではない。この説教の後も、ほぼ一箇月、説教を続けたのである。この頃、鈴木牧師がどのように説教を準備したか、その詳細を知らないが、明らかに完全原稿ではなかった。ここに提示されるのは、説教の原稿ではなく、説教の録音を聴きながら、西片町教会員の誰かが原稿化したのであろうと考えられる。

説教題は「夜明け前」であり、聖書テキストはルカによる福音書第二四章とだけ記されている。説教に先立つ聖書朗読では、より短いテキストを朗読したかもしれないが、それはわからない。ここで説き明かすのは、むしろ、この「夜明け前」という題が示唆する事柄である。夜明け前、という自然現象を語る言葉は、復活の出来事とはなんであったか、その特質を理解し、把握するために用いられるメタファーである。そして説教は、この言葉が示す、闇と光の関わり方を手がかりに主イエスの復活とは本来、いかなる出来事であり、いかにして正しく理解し、信じるべきかを、かなり理路整然と述べていく。その視点からすれば、ルカによる福音書の講解説教ではなく、むしろ、主題説教として理解すべきものである。

冒頭で、「今日は」復活祭であり、キリストの復活を祝う日である、と何気ない言い方で、キリストの復活という中心主題を掲げ、これが私たちの信仰、キリスト教会の中心だと言う。しかし、復活を信じる私たちは愚かなのか、それを笑う、自分の賢さを誇るひとが実は愚かなのか、ここに神の知恵があるのか、というあれかこれかの問いを出す。けれども、その答えをそこですぐには出さない。福音書は復活が夜明け前の出来事であったとして物語る。夜明け前は、光が射し染める直前の闇である。そこで鈴木牧師は、闇を作るわれわれ人間の罪を語り始める。そこで見えてくる自己憐憫に溺れる人間、復活を語りつつ、その魂は眠っている教会、牧師の罪を指摘する説教者の言葉には、独特の鋭さがある。ここから映画に言及し、人間の必然と向かい合う神の必然を語りつつ進められる説教の言葉は深い。そしてキリスト者に示される、暗さの中で歩み始めている「新しい道」を預言者のように指し示しつつ説教は終わる。この説教には、それに続く祈禱も続けて記されている。そこで復活信仰に生きる強い人間、自分自身を献げて生きる人間にならせてください、という説教者と聴き手をひとつにする祈りの言葉が、きちんと述べられており、われわれのこころを打つのである。

エマオ途上の顕現

由木　康

ルカによる福音書　第二四章二九―三一節

一　はじめに

十字架と復活とは聖書の福音の中心であるばかりでなく、キリスト者の生活の基本でもあります。私たちは十字架によって罪のゆるしを与えられ、復活によって新しい命を授けられます。それらは単なる過去の物語ではなく、現実の生きた体験です。ですから、それらは同等に尊重すべきものであります。

ところが、キリスト教史をふりかえりますと、時代の要求や教会の事情などによって、それらに対する重点の置き方に多少の相違が認められます。おおまかにいえば、原始教会とそれを直接受けついだ東方教会またはオーソドックス教会とは復活に重点を置きましたし、西方教会すなわちカトリック教会とそれを展開したプロテスタント教会とは十字架に重点を置きました。私たちはプロテスタントに属する者ですから、どちらかといえば十字架に重点を置いていますが、今日ではむしろ復活を重んじることによって二つの真理のバランスを回復するようにしなければならないと思います。

しかし復活は奇跡中の奇跡であり、逆説中の逆説でありまして、それを受けいれるのは容易ではありません。戦後日本の文壇で活躍した椎名麟三という実存主義の作家がありましたが、彼は、復活によって魂の目を開かれ、キリスト者になったと告白していました。しかし、そういう人はむしろ例外でありまして、大多数の日本人には復活は大きなつまずきになっています。キリスト教には復活というような教理があるから信じられないという人が多いのであります。

そういう人に私は復活を受けいれる手がかりを提供したいと思います。一般の人が復活につまずくのは、復活という信仰上の真理を理性や推理や分析というような科学的方法によって理解しようとするからです。信仰上の真理は信仰的な考え方によってアプローチしなければなりません。いいかえるならば、聖書の問題は聖書それ自身の光に照らして解釈することが必要です。福音書にあるイエスの復活物語には、そのような光が与えられています。ルカ福音書二四章にしるされている、いわゆるエマオ途上の顕現という物語は、その最も良い例であると思います。

二　エマオ途上の顕現

この物語は、主イエスが十字架上で息を引きとられてから三日目に、ふたりの弟子たちがエルサレムの西北十四キロばかりの所にあるエマオという村へ行く途中で、復活された主が彼らに近づいてこられたのに、彼らはそれに気がつかなかったという話から始まっています。その弟子たちのひとりはクレオパという名で、もうひとりの名はしるされていませんが、ルカ福音書の著者ルカであったのではないかと想像する学者もあります。とにかくこれらの弟子たちはイエスの十字架上の死が彼らの予想に反していたのを見て、失望落胆し悲しみに沈んだ結果、都を離れて当てどもない旅に出かけたのでした。

そのとき、「イエスご自身が近づいてきて、彼らと一緒に歩いて行かれた」（ルカ二四・一五）と書かれています。なんという美しい叙述でしょうか。かつて山上の教えの中で「悲しんでいる人たちは、さいわいである。彼らは慰められるであろう」と言われたイエスは、このとき悲しんでいる弟子たちに近づいてこられたのですが、当人たちはそれに気がつかずにいたのです。「彼らの目がさえぎられて、イエスを認めることができなかった」（一六節）。ふたりの弟子たちは復活の主と共に歩いていたのですが、それが主であるとは気づかず、ただの旅人であると思っていました。これは今でもたびたび繰り返されることです。きょうここに復活の主が姿をお見せになったとしても、果たしてどれだけの人が、復活の主として認めることができるでしょうか。魂の目、信仰の目を開かれていない人は、復活の主を見ることはできないのです。

そこでイエスは彼らに言われました、「あなたがたが話し合っているのは、いったい何のことなのか」と。そこで弟子のひとりは答えました。「ナザレのイエスのことです。あのかたは、神とすべての民衆との前で、わざにも言葉にも力ある預言者でしたが、祭司長たちや役人たちが、死刑に処するために引き渡し、十字架につけたのです」（二四・一九、二〇）。つまり彼らは本人を前にして自分らのイエス観を述べたのです。それはナザレのイエス、つまり預言者としてのイエスのことであって、それ以上の何者でもありませんでした。「わたしたちは、イスラエルを救うのはこの人であろうと、望みをかけていました」（二一節）と言っていますが、それは彼らが考えていたような世俗的メシアをイエスに期待していたのに過ぎないのであって、イエスご自身が考えておられたような「苦難の僕《しもべ》」として人々の罪のために苦しみ、死んでよみがえるキリストではありませんでした。そして、けさがた数人の女たちがその墓に行ったら、イエスの体は見当たらないだけでなく、天使が現われて、「イエスは生きておられる」と告げたというニュースをもつけ加えました。

しかし、復活に関する彼らの知識は又聞きに過ぎませんでした。彼らが直接復活の主を見たのでもなければ、婦人たちが見たのでもありません。ただ天使がそう言ったというううわさを聞いただけです。なんという不確かな知識でありましょうか。そのような状態でしたから、彼らは失望と悲しみとの余り、エルサレムを飛び出したのです。

ゆえに復活の主は、彼らの無知と鈍感とをお叱りになりました。「ああ、愚かで心のにぶいため、預言者たちが説いたすべての事を信じられない者たちよ。キリストは必ず、これらの苦難を受けて、その栄光に入るはずではなかったのか」（二四・二五、二六）。彼らはたびたび聖書を読みながら、その真意を悟ることができませんでした。またイエスご自身から苦難と復活との予告を聞いていながら、それを信じることもできませんでした。そのためいたずらに悲しみ嘆くよりほかになすところを知らなかったのです。もし彼らが信仰をもって聖書を読み、祈りをもってイエスの言葉を聞いていたら、十字架が復活の前提であり、苦難が栄光への道行きであることを悟っていたに違いありません。しかるに、彼らは愚かで心がにぶかったため、十字架の苦難から復活の栄光への飛躍を理解することができなかったのです。

このイエスの叱責の言葉は、ふたりの弟子たちだけでなく、あらゆる時代のキリスト者に呼びかけられているることを感じない者がありましょうか。しかし、イエスは昔と変わらず聖書の真意をさし示し、私たちがそれを悟りうるまで懇切に教え導いてくださるのであります。

「それから、彼らは行こうとしていた村に近づいたが、イエスがなお先へ進み行かれる様子であった」（二八節）。「行こうとしていた村」とは、エマオであり、そこに近づいたとき、イエスはなお進んで先へ行こうとされました。「きょうもあすも、またその次の日も、わたしは進んで行かねばならない」（ルカ一三・三三）と言われたように、個人と社会と時代とに先んじて進んで行くのが、イエスの本来の姿です。しかし、ふたりの弟子たちは、この進んで行こうとされるイエスを「しいて引きとめて」言いました。「わたしたちと一緒にお泊まり下さい。もう夕暮になっており、日もはや傾いています」（ルカ二四・二九）。なんという美しい含蓄に富んだ言葉でしょう。これはもともと連れの旅人を夜道の危険から守ろうとする心づかいを表わしたものであったかも知れません。

しかし、それは復活のキリストに呼びかけられたことによって、無限の意味を含むものになりました。

この祈りが一日の夕べや人生の夕べに寂しい魂を慰めた例はあげて数えることができないほどです。明治時代に東京大学の教授として思想的な学生たちに深い感化を与えたケーベル博士は、そのひとりでした。彼はそれについて、「これはあらゆる祈りの中で最も美わしい最も敬虔なまたそれなしには私がもはや眠りにつくことを欲しない祈りである」と書いておられます。おそらくケーベル博士自身、横浜の仮寓で最期の息を引きとられたとき、この祈りをささげられたことでありましょう。「もう夕暮になっており、日もはや傾いています」。キリスト教は青年の宗教であるとともにまた老年の宗教でもあります。力の福音であると同時に、また慰めの福音です。この祈りなどは、老境にある人々の深い孤独を代弁したものにほかなりません。

「イエスは彼らと共に泊まるために、家にはいられた。一緒に食卓につかれたとき、パンを取り、祝福してさき、彼らに渡しておられるうちに、彼らの目が開けて、それがイエスであることがわかった」（二九後半―三一前半）。イエスは弟子たちの祈りに答えて、彼らの旅舎にはいられただけでなく、共に食卓につき、パンをとって祝福し、さいて彼らにお与えになりました。なんという恵みの表われでしょう。聖書を説き明かして下さっただけでも幸いであったのに、そのうえパンを祝福して下さるとは。それはガリラヤ湖畔において、イエスがしばしば弟子たちのために行なわれたことでありました。このいかにも特徴のある主の身ぶりを見て、愚かなにぶい弟子たちも、この旅人がイエスご自身であることに気がつきました。彼らの眠っていた魂の目は開かれ、復活の主を認めることができたのであります。「すると、み姿が見えなくなった」（三一後半）。彼らがイエスを認めさえしたら、それで復活の目的は果たされたからです。それによって彼らは無限の慰めと喜びとに充たされることができました。ですから、イエスのみ姿はすぐに見えなくなったのです。

彼らは互に言った、「道々お話しになったとき、また聖書を説き明してくださったとき、お互の心が内に燃えたではないか」。

（ルカ二四・三二）

事が進んでいた間は気がつかなかったが、あとでふりかえってみると、あの時には心が内側から燃え上がっていたという場合があります。ふたりの弟子たちが見知らぬ旅人と共にすごしたのは、そのような場合でした。旅人がふたりに語りかけ、特に聖書を説き明かしたとき、彼らにはそのような内側から燃え上がってくる感激がありました。それは復活した主との交わりから生じた感激だったのです。これが「エマオ途上の顕現」という物語のあらすじであります。

三　復活を解く鍵

それでは、この物語の中心点はどこにあるでしょうか。いうまでもなく道で出会った見知らぬ人が、ふたりの弟子たちの願いを聞いて、エマオの旅舎にはいり、そこでパンをさき、祝福して与えたとき、ふたりの目が開けて、その人のイエスであることがわかったというあのくだりです。つまり、ふたりの弟子たちは、見知らぬ人と食事を共にしたとき、復活の主の「顕現」を実感したのです。ここに大多数の復活物語を解く手がかりがあります。

新約聖書にしるされた復活物語を通観して気づくことは、復活の主が一般人でなく、信者である弟子たちに、それもたいてい二、三人以上の集団の人々に現われた出来事であったということです。いいかえるならば、復活は、弟子たちが二、三人以上集まり、共に食し、共に交わっている場所に最もしばしば現われた信仰的、集団的な体験であったということであります。

ここにおいて私たちはイエスが生前に語られた一つの言葉を思いおこします。それはマタイ福音書一八・二〇のあの有名な言葉です。

ふたりまたは三人が、わたしの名によって集まっている所には、わたしもその中にいるのである。

ここで「その中にいる」という句は、「弟子たちの心の中にいる」という意味に解されがちですが、実は「弟子たちの間に、その交わりの中にいる」という意味です。つまり、二、三人またはそれ以上の人がイエスの名によって集まり、心を合わせている所には、イエスご自身もそこにおいでになるというのです。これはイエスが生前に言われた言葉ですが、復活後、昇天に際しても同じことを言われました。

見よ、わたしは世の終りまで、いつもあなたがたと共にいるのである。　（マタイ二八・二〇）

この言葉のうちに復活を解く少なくとも一つの鍵が見いだされます。イエスの在世中、弟子たちは主を中心とする人格的な交わりのうちに生きていました。時には主の福音の宣教に耳を傾け、時には主の力あるわざをまのあたりに見、また時には、主と食事を共にして来るべき神の国がすでに始まっていることを経験しました。特に、イエスが五千人、四千人の人々にパンを分けられた光景や、最後の晩餐のとき、パンとぶどう酒とを祝福された姿などは、永久に忘れがたいものでした。ところが、このようなイエスを中心とする交わりが、彼の十字架の死と共に突如として断絶してしまったのです。弟子たちの失望と悲しみとは察するに余りがあります。

しかるに十字架から三日目に、マグダラのマリヤと弟子のペテロとが復活の主を拝したのがきっかけとなって、二、三人以上の弟子たちがその交わりの中で復活の主の現臨を実感するようになりました。エマオ途上の弟子たちをはじめとして、おそらく主の昇天を見送った五百人の弟子たちに至るまで、彼らが一様に体験したのは、十字架上で死なれたイエスが今や彼らの間で生きておられるという事実でありました。この喜ばしい経験は四十日間くりかえされ、もはや疑うことのできない確信となりました。そのとき弟子たちは、父なる神のみもとに帰られる主のみ姿を仰ぎ見、それから十日後の五旬節に神の御霊が火のように降るのを目撃したのです。それによって原始教会は生まれ、今日まで存続し進展してきました。復活は過去二千年の教会史の出発点となった歴史的な事実であります。

それとともに、復活は今なお教会の中でくりかえされる信仰体験です。私たちが主の名によって集まり、神をあがめ、祈りに心を合わせるとき、生けるキリストはそこに親しくお臨みになります。昔、エマオ途上の弟子たちにお臨みになったように、今も私たちの交わりの中に現われ、悲しみを慰め、新しい希望と力とをお与えになります。そのとき私たちは自分のうちにもそこに集まっている者のうちにもないもの、すなわち自然や人間をこえた命が私たちをささえ生かしていることを覚えます。それはとりもなおさず復活の主の命です。

きょうの礼拝の中にも、復活の主は現臨しておられます。キリストは復活されただけでなく、今も生きて働いておられるのであります。

（一九八一年四月一九日）

（由木 康『主題説教集　この人を見よ――福音・思想・文化』キリスト新聞社、一九八四年所収）

由木《ゆうき》康《こう》（一八九六―一九八五）

由木 康は、一八九六年四月一六日、鳥取県西伯郡上道村（現境港市上道町）に実業家足立 正の次男として生まれた。足立は郷土史家でもあったようである。生まれて間も無く、由木虎松の養子となった。

その少し前に、英国教会の司祭であったバークレイ・バックストンが宣教師として来日、松江を中心に積極的な伝道を行い、独特のパイエティによって大きな感化を与え始めた時であった。伝道困難な土地で外国宣教師が成果を挙げた珍しい出来事であった。由木虎松も、信仰に導かれ献身、その活動に加わり、熱心に伝道した。一九〇三年、バックストンは日本伝道隊を設立、その総理となった。日本伝道隊は、その後の福音派諸派の運動を生む強力な母胎となった。虎松は鹿児島、神戸、対馬などに転任を重ねた。康は神戸第二中学在学時に洗礼を受けたが、同じようにバックストンの感化を受けている。これは、その働きを理解する上で非常に大切なことである。伝道者由木 康は、このような日本における独特の敬虔派のなかで育ったひとであり、これが生来の繊細な感性と優れた理性と結びつき、ユニークな言葉のひとつとしたのである。

一八歳のとき、死の脅威を知り、伝道者になる決心を与えられた。そしてまず関西学院高等学校文科に入学した。その後の関西学院大学文学部である。旧制度の学校制度では高等学校に当たる。神学、特に聖書学を学んだが、同時に広く文化を学んだようである。後に独学でフランス語を習得している。

フランスに留学してはいないが、フランス語を体得し、のちに、信仰に関するフランス語圏の貴重な文献を訳している。日本の神学者でフランス語に堪能なひとは少ないのである。

同校を卒えてから、日本伝道隊の湊川伝道館に住み、神戸聖書学校で世界史を講じる傍ら、実践的神学教育を受けた。この学校は、のちの関西聖書神学校であり、最初は日本伝道隊聖書学校として建設されたものである。もちろんバックストンの信仰と神学に生かされる伝道者教育を受けたのである。

バックストンのもとで学んだ者たちはホーリネスの諸教会の指導者や、自由メソジスト、アライアンスなどの福音派諸教会の指導者となったが、由木は、そのような道を辿らなかった。東京師範学校女子部（現在のお茶の水女子大学）を卒業し、日本の幼稚園教育の先駆者のひとりとなった野口幽香（一八六六年生）は、一九〇〇年、貧しい子どもたちのための保育事業を始め、麴町に二葉幼稚園を設立、一九〇六年、四谷区元鮫河橋（現在の新宿区南元町）に移転した。そこで職員のために聖書研究会をしたのが始まりで、やがて二葉独立教会となった。一九二一年、そこに牧師として赴任したのが由木 康であった。ホーリネス教会で洗礼を受けた若い神学者渡辺善太などの助けを得ていたが、どのような教派にも属さなかった。一九二八年、淀橋区上落合に移転。そして一九四一年の日本基督教団成立に際して、これと合同したのである。初めはなお二葉教会という名称であったが、戦中、礼拝堂が取り壊され、太平洋戦争後、一九四七年、東中野教会として再出発した。由木牧師は、一九七一年、七五歳で退任するまで同教会牧師であり続けたのである。なお東洋英和女学院、青山学院、東京女子大学などで賛美歌、実践神学の諸科目を教えていた。また一九三八年に『パスカル冥想録　パンセ』の翻訳を白水社から刊行している。これは度々新装重版された。一九九〇年には、白水社の〈イデー選書〉の一冊として刊行された。この書物は、その後、何人もの学者が新訳を試みたが、先端を切ったのは由木である。これが示すように由木が示す文化的関心は広く、それは人間に対する好奇心の豊かさを示すとも言える。あるいは、大正から昭和への日本近代化の時代に生きた知識人への伝道、語りかけの言葉を真剣に問い続けた姿でもあったのである。

由木 康と言えば、何と言っても日本プロテスタント教会の賛美歌の歴史に大きな足跡を残したひとである。このことはまだ十分に評価されていないと思う。洗礼を受けた頃、既に一五歳で賛美歌を書いたそうである。関西学院在学中に『日曜学校唱歌集』を刊行している。牧師就任後まもなくの一九二三年、作詞した「馬槽のなかに」（一九五四年版『讃美歌』一二一番）は、由木の作詞した賛美歌としては最もよく知られているものであろう。今も歌われるものである。なぜかよくわからないところがあるが、欧米の賛美歌を訳して歌うことが多く、自分たちで賛美歌を作ることに貧しい日本の教会において、日本独自の言葉で賛美歌を作詞した稀有のひとである。創作賛美歌数は百を超えると言われる。欧米の賛美歌の訳詞も多い。そのなかで最もよく知られているのは、「きよしこの夜」（一九五四年版『讃美歌』一〇九番）であろう。クリスマスの歌であり、曲も優れているが、由木の訳詞の言葉の力にもよるであろう。日本のプロテスタント教会は、一九三一年、ようやく統一された賛美歌集を出した。このとき、由木は既に編集主幹であった。これは大きく受け入れられ、広く歌われるようになっていたが、敗戦後、大きな状況の変化に応じて、讃美歌改訂の機運が高まり、一九五一年、由木を委員長とする讃美歌改訂委員会が日本基督教団に組織され、一九五四年、改訂版を刊行、急速に普及した。これには由木委員長の寄与するところが大きかったであろう。由木が訳した賛美歌の数はわからないが、古い文語の、昔からの賛美歌も多数改訂されており、それらを含めると由木の筆が入っている賛美歌の数は、とても多いであろう。ついでに言えば、個人としては、既に一九二七年に『聖歌』を出している。また母校関西学院をはじめ、いくつかのキリスト教学校のために校歌、記念歌を作詞している。そこで示されたのは、その繊細な詩人としての感覚であり、文筆の力である。これに匹敵するひとは、その後現れてはいない。

賛美歌に心を注ぐということと深く結びつくのは礼拝に対する関心でもある。一九三六年に『基督教礼拝学序説』を出版している。さらに一九六一年、六五歳の時に新教出版社から『礼拝学概論』を出版した。ほとんど独学での研究の成果である。二〇一一年、著者の没後、新しい版が刊行された。類書で、日本人の手でこれを凌ぐものは、まだ刊行されてはいない。われわれは、この書を通じてリタージカルとかリタージーということを学んだ。またフランス改革派教会の礼拝式文をモデルにした新しいリタージカルな礼拝式文の導入を提案したりしている。しかし、逝去一年前に、八八歳で、キリスト新聞社から自分で編集した主題説教集『この人を見よ』を刊行したが、これに「序に代えて」という文章を書き、自分の教会での礼拝について具体的に書いている。そこで語られる礼拝の実例は、きわめて普通のものである。念のために紹介すると次のようなものである（同書、四ページ以下）。由木牧師の教会も、このような礼拝をしていたのであろう。

前奏、招詞、讃美、交読、主の祈り、祈禱、聖書日課、説教、信仰告白、奉献、報告、頌栄、祝禱、後奏

この礼拝の諸要素に触れる前に述べている説教論も興味のあるものである（二ページ以下）。「聖書

は神の御霊が働くとき神の言葉となる」と言い、それにすぐ続いて、こう書いている。「そのように聖書の言葉を取り次ぐのが、説教の第一の要件である」。古代の書物である聖書と「現代のわれわれとの間には、時代的、精神的に大きなずれがある。しかるに説教は神の霊感によってそのずれを取り去り、聖書の言葉を現代の日本人に対するメッセージとして、いわゆる同時代化してくれる。説教を聞いて、それが古い昔の話ではなくて、聞いているひとりびとりへのメッセージであると思うならば、それは生きた説教であると言うことができる」。しかし、由木は付け加える。「第二に、説教は牧師や伝道者の思想や見解ではなく、神の言葉としてひびいてこなければならない。どんなに巧みな言論であっても、人間の言葉にとどまるならば、よい説教とはいえない。それは語る人の背後からひびく神の言葉となるとき、生きた説教と言えるのである」。そのような「生きた説教」であってこそ、未信のこころに信仰を呼び起こし得る。こう言って、パウロのテサロニケの信徒への手紙一第二章一三節の言葉を引用する。説教の言葉が神の言葉として受け入れられることを喜び、感謝する使徒の言葉である。

由木牧師は、このように神の言葉として語られるべき説教として講解説教と主題説教の二種類があり、自分は、そのいずれも試みていると言う。ローマ人への手紙の講解説教は、ＹＭＣＡ同盟出版部から『神の前に立つ人間』という書名で刊行されており、ピリピ人への手紙講解説教はヨルダン社から『キリストを知る』の書名で刊行された。主題説教は前掲の『この人を見よ』で紹介されている。

ここで紹介するのは同書掲載の一九八一年の復活主日の礼拝説教である。説教者が八五歳のときの説教である。「エマオ途上の顕現」という説教の題が示すようにルカによる福音書第二四章を語るのであるが、講解説教としてではなく主題説教として構成されている。三区分より成り、それぞれ表題があるが、実際の説教を書き直したものであろう。第一区分では現代人に復活を信じることは難しいであろうと理解を示す。科学的な方法によらないで信仰的な考え方をすればよい、と言う。説教は、現代人に復活信仰の弁証をしようとするものである。由木牧師の説教にはこの種の弁証的傾向が強い。そこでエマオ途上における弟子たちと復活者イエスとの出会いを語る。その上で復活信仰の鍵は、復活者イエスの臨在である、との結論に至る。われわれが主の名によって集まり、礼拝するところで知る主の臨在なのである。そこでこそ主の復活を知るのである。

バックストンのもとでの聖霊経験を与えられた、近代日本の知識人を代表するような、言葉のひとらしい説教である。

復活の福音

海老名彈正

人生の苦痛けだし死に如《し》くものはありません。今年の花、明年再び咲くと知りながら、散り行く春を惜しむのは、古今を通じての感である。「世の中にたえて桜のなかりせば春の心はのどけからまし」と歌うた人も、またこの辺のことを最も深く感じたものと見える。春の花あわただしく散り過ぎても、なお草木が青々と茂っておる間は、忍ぶことも出来る。けれども秋来たり、霜到り、白露江に横たわるの時、庭前の梧葉の一片二片《ひとひらふたひら》、西風また北風に誘われて、ハラハラと散って行く有様を見ては実に堪えられぬ感じがする。紅葉狩りにと山へ行っても、錦のごとき丹楓《たんふう》を見るは心地よいが、楓の葉の落ちはてて色さえ土色に変わっておるのを見る時には、秋の荒涼寂寞を覚えて洵に悲しみに堪えぬのである。われらが春を喜ぶのは、もちろん春そのものを楽しむのではあるが、一は去年の冬枯れに草も木も皆死したるがごとく、天地いずこにも生気なく、ただ山端《やまのは》にかかっておる松の葉に僅かに生命の色を見る時に、陽光射来たりて預言者の杖のごとく、一度打ちて野は蘇えり、二度打ちて森蘇えり、原にも山にも春色満ち渡りて、花笑い鳥歌うの楽天楽地は復活して来たるや、心自ずから陽気となりて春を祝せざるをえない。これ草も木も生き返って来るためである。

復活の祝いは必ずしもキリスト教に始まったものではない。ローマにおいても三月二十二日より約三日の間は復活の祝いあり、また小アジアにも行なわれつつありしもの、古来決して珍しくはない。わが国の三月節句の雛祭のごときも、またこの一種と見るべきものである。死滅は人の悲しむところ、生命は人の祝するところ、われらまたこれを日々に経験するのである。たとえばかの太陽が西山に入る状態《ありさま》はどうです、花やかな錦の雲、五光を十方の空に放ちて沈みゆく様、なんらの荘厳《グランド》、なんらの崇高《サブライム》、かくまで尊い、盛んなるものは宇宙にあまりない。日没《セッチング・サン》はこの世の一大偉観である。しかしながら、光はいつまでもつづかない。やがては雲の色も変わりゆきて、輝ける色は薄暗くなり、金色は薔薇色となり、薔薇色は桔梗色に変じたかと思うと、間もなく残曛《ざんくん》ことごとく褪せ去って、天地はただ一色の灰色に包まれてしまう。なんら寂寥の光景ぞ。かの入相の鐘を鳴らすことは古より慣例であるが、この悲しさ苦しさ寂しさは小児の胸にも徹すると見える、夕方は小児の時といって色々騒ぎまわって遊ぶ時であるが、入相の鐘鳴り渡りて、夕闇の帷幄落ち来たれば、忽ち家に帰って行く。しかるにこの悲しさに比較して朝の光景はどうです、私は、今朝天照大神が天岩戸を出て来たり給う光景を読んだのですが、実に美わしきものである、多くの人々が暗黒のうちにおって光を待てる有様、種々苦心の結果、ようやく東の空から堂々と顕われ出で給える状態、ほとんど人をして眩惑せしめる、天地は再び愉色《ゆしょく》を湛えて旧の喜楽を取りかえした、夕暮の様と比べるならば、これは栄えある生命である。霽日光風は草木も欣々す、天地一日も和気なかるべけんや。

諸君、もし人生に来たるもの、誕生に次ぐものは死のみとせば、いかに人生は惨憺たるものでありましょう。始めあり終りあり生まるるものは再び旧の土に返る。果たして然らば、そこに苦しみはある、楽しみはない、悲しみはある、慰めはない、失望、沮喪、病苦、疾痛あれども、なんらの歓楽、なんらの愉悦、なんらの平安なんらの趣味もない。そは繋がれたるこの世ながらの地獄である。すべてのもの死を感ぜざるなし、されど理性ある人において最も心苦しく感ずる。また人死して天地宇宙に変化することの、いかに悲しく、苦しきかは、小児について見ればよく分かる。かつて私の若い時のこと、家の子供に向かって、お父さんもだんだん年を老って白髪になって、腰が曲がるという話をしたら、泣き出した。いかに老衰を小児が厭がるかです。また或る時他の小児に向かって色々な作り話をしておった、人間が化して蝶となり、羽が生える、自由に飛べるというような話をしたら、始めは大層面白がっておりましたが、遂に鶴となり雁となるという話をしたら、にわかに泣き出した。いかに他物に変ずるを厭がるかです。羽あり、自由に飛び廻れる、けれども言なく霊なし、いかに心苦しく感じたでしょう、実に察すべきだ。復活はすなわち一度失えるあらゆるものを取り返して、光栄あるもの、大いなるものに変じ行くのである。

個人の死、家族の滅亡、国家の崩壊、これ人をして堪えられぬ感を起こさしむるものである。個人の死はわれら日々にこれを経験する、家族の滅亡の悲劇はこれを平氏の没落に見る。鵯越《ひよどりごえ》の大敗以来、一戦一敗、退却また退却、ジリジリと押し迫られて西の海に浮かんだ、遂に壇の浦曲《うらわ》の一戦に、悲運挽回すべくもあらず、刀折れ矢竭きて一族幾百人、千秋の恨みを呑んで千尋の海の藻屑となった。驕れるもの久しからず、ただ春の夜の夢のごとし。一世の栄華は束の間の夢にして凄涼万古たり。何たる悲惨ぞ、真にわれらをして腸を絞らしむる。またさらに悲惨なるは国家の滅亡である。千有余年の生命一朝絶えて亡国となる。国亡びて山河あり、城春にして草青む、悲惨の極である。旧約のエレミヤの哀歌のごとき、戚々として人に迫る。涙涸れ、肉落ち、皮が骨にひっついておる有様は実に何ともいいようがない。預言者の血叫もなんらの効なくして社稷忽ち荒野となる。ホゼヤのごとき、イスラエル民族の北朝の亡ぶる時、鳩のごとく啼いたという。民族国家の滅亡は実に堪えられない。これヨハネの出ずるゆえん、イエスの出ずるゆえんだ。「ああエルサレムよエルサレムよ」の歎声あるゆえんです。今でも悔い改めよ、生命に立ち復えられるという叫びは、千歳に響いて人の腸を貫く声である。

しかしながら諸君、ここに神の意に適う生命あれば、そは死に勝ち、滅亡を超越する生命である。今私は他国の例を引かない、イスラエル民族の旧約新約を読めば、滅亡とともに復活あるを見るのである。その民は困憊流離を極むること前後二回、北朝を加うれば三回である。始めには北朝滅びてアッシリヤの所領となり、次には南朝滅びて神殿《みや》も何も荒蕪に帰した。次には最後の没落見舞い来たりて、キリストの死後三四十年を経てその国は全く土崩瓦解した。キリストも開闢以来恐らくなきところと嘆かれた、実に然り。しかし不思議にも滅亡したかと思えば復活して来た。アモス、ホゼヤ、三日の後に活かし給う、その言空しからず、アブラハムの子孫は最も偉大なる宗教思想を抱くに至った。すなわち彼らの神は民族の神にあらずして万国の神、正義公道をもって万国を支配すとの思想を抱いた。民族亡びて世界的思想を生む、復活と見るの外はない。第二回の滅亡の時などは、エレミヤは断じてイスラエルはこれきりで亡びず、必ず蘇える折があるといって、神殿の毀たるる時、わざわざその所に地所を求めて、子孫の計《はかりごと》をなした。果たせるかな、七十年の後ユダヤ人は再び起こって来た。この滅亡によって彼らの宗教は民族的にあらずして、個人的となった。神殿はつぶれても国は亡びても、われらが神を敬い、神がわれらを愛し給う真情はなくならずと信じた。「汝のほかにわれたれをか天にもたん、地にはなんじのほかにわが慕うものなし」との詩もまたこの時代のことを歌えるもので、神と親しみうる実験である。これキリストの時代まで存続し来たれるもの、しかしてキリストはユダヤの滅亡を予見して無限の憂愁に沈まれたのであるが、パウロは後にいった、この民族は断じて亡びずと。果たせるかな。国家は倒れた、しかし民族は倒れない、その団体的の勢力は衰滅したが、民族としての勢力、使命は今に顕然たるものである。多くの人物は社会の各方面において輩出している。欧洲の思想界を支配するの勢力あるスピノザ、彼はユダヤ人である。信仰上の思想をもって欧米の人を動かしつつある。史家ニアンドル、彼もユダヤ人である。天文学者ホルシェル、彼もユダヤ人である。経済界の覇王ロスチャイルド、彼もユダヤ人である。皆世界に散って使命がある。彼らの信仰はキリスト教界に対する一大証明となった。神は独一なりとの信念は実にクリスチャンを教うるものなりとの自覚の中には動かすべからざるものがある。またアドラーは現今米国の倫理界を動かしている。国家は亡びても民族としての使命はある。もし国家を造ったならスイスのごときものであろう。彼らは国家に死して民族に復活したものである。

今日私が申し上げようとするのはキリストの死、世にこれほど惨憺たるものはない。しかしその復活したりとの初代の信徒の信念はたしかに世界を動かしておる。ペテロはキリストの問いに答えて、「爾は神の子キリストなり」と彼の信仰を告白して、われこの磐の上にわが教会を建つるとの賞賛を被った。これ果たして事実であった。十字架に死せるキリストの復活を確信し、これを主張したのは彼である。ために一身を献げて惜しまなかった、この確信は磐である。キリスト教がキリストと共に亡びずして、その生命は復活して、今日世界の大宗教となったのは、ペテロの確信に基づくものである。復活とは何ぞ、私は今二つのことを申し上げて見たいと思う。

一　キリストの復活はいかにして弟子らの精神に復活したるか。キリストの精神は十字架にかけて殺さるべからず、殺さるるものは肉である。彼の精神は復活して弟子らの胸中に第二のキリストと生まれた。「一粒の麦もし地に落ちて死なずばただ一つにてあらん、もし死なば多くの実を結ぶべし」。種は死して百倍となる。義人の死はかくのごとくである、死は実に生を産むの母である。一死百生、いかに深い意味を含んでおるものではありませんか。近来科学者も死は生の一方面なりといいつつあるは、大いにわれらの意を強うするものである。その精神はキリストの団体の精神となって、金剛不抜、いかんともし難い。婦人にも、小児にも、老人にもキリストが出来て来た。ローマの政権もいかんともすべからず、殉教者の血は教会の播種である。キリストは今なおわれらの中に生く、宜なり、爾らは世界のはてにまで行け、われは爾らと共に世の終りまで在らんと仰せられたることや。これキリストの社会的、精神的復活である。

二　しかるに個人としてのキリストはいかがしたまいしや。個人の生命は墓場の彼方に永遠に逝きて滅するか。子孫に生命は残して行く、けれどもわれら自身の行方やいかに。人の思い惑うところだ。けれどももしキリストの心になって考えて見るならば、われらは来世まで生き残ることを承認するのみならず、またこれを確信せざるをえないのである。

一体、キリストが非常に人を愛せられたのは、何のゆえであるか。これ真に人の価値を認められたからである。彼自らの実験――空想にあらず――によって、いかに清き美わしき盛んなるものの人の胸奥に燃えているのを認められたか。彼の心はために躍った。さもあるべきことだ。彼は悟ったのではない。キリストの宗教は観心調息ではない、実験だ。真に已むに已まれぬところです。力を尽くし、精神を尽くし、意を尽くして神を慕って行く心情ほど、美わしく、尊く、清きものはない。キリストはこの人、その活動は自然である。愛の生命ほど力あるものはない。キリストはこの愛の生命を握られた、彼が東奔西走して倦むを知らなかったのは固よりそのところである。ヘフジングはいう、キリストは意志の人《マン・オヴ・ウィル》なりと。彼の活動は皮相じゃない、一種已む能わざる愛の力、愛の情、抑えんとして抑うべからず、殺さんとして殺すべからざるものである。これ古の預言者の中にありしもの、キリストにおいても溢れつつあった。神を愛し清きを慕うの情、キリストはこの美わしきものを農夫にも村嬢の中にも認められた。ナザレの村の朝夕に水汲む賤の婢の中にも清き力を見出された。また税吏や、罪人の中にも発見せられた、諸君、かの紙屑買いは人の捨てたる塵埃のうちに、時に黄金を見つけることがあるそうだ。キリストが罪人や税吏と伴い給うて、むしろこれを光栄とせられたのは、彼らのうちにこの黄金あるを認められたからである。命を損つるほど愛すべきものあるを発見せられた。その清い霊能霊智は、人格の根底、人の実相なり、真相なりと決めたもうた。研究思索ではない、また自分一身のみではない、世界人類のうちにこれあることを直覚的に見極められたのである。これあるを見極められたるがゆえに、死をだに厭わせられなかった。彼は絶代の勇者である、けれども暴虎憑河の勇ではない。彼とても死を忌まれた、彼がゲッセマネの祈りの条を読み来たるならば、思い半ばに過ぎる、真に腸を絞り涙に咽ばれた。人の死においてもまたそうである、ラザロの蘇生《よみがえり》のところにはキリスト泣けりとある。されどその涙は絶対に望みなき涙か、あらず、絶対の死滅には涙はない。望みなし、何物か土より出でて土に帰らざる、悟りの中には涙はない。青春の血褪せ去りて、眼《まなこ》の輝きうつろい行くを見れば、死は実に堪えられぬことです。はらはらと散る春の花も、これ元素の化合なりと悟れば、落花何の惜しむところかある。しかれども生命あるを知るものには、もののうつろいに対して涙誘われざるをえないのである。生命を自覚する者には死はまことに堪えられぬところ、キリストは自他の死を痛まれしこと深し、しかしながら、永遠の生命を有するわれは決して死せずとの自覚は、これ彼の固有の勢力、霊能の自覚に存しておった。人間の意志は確固不抜なるもの、それ自身滅すべきものではない。けれどもさらに一歩自覚の奥深く進めば、神の愛子なりとの声は響く。生えぬきの父子の愛、切っても切れぬ甚深の縁である。この愛に入らぬ人には分からない、けれども神と父子となった人には奪うべからざる確信だ。この父の愛の対象たるもの、朝露のごとくして消え去るか。果たしてしからば、そは神の自滅ではあるまいか、神の自殺ではあるまいか。かくのごときこと断じてあるべきでない。よしキリストは十字架に死するとも三日の後には蘇えるべし、たとえ一時は死の谷の陰を歩むとも、再び本の光明に返るとの尊い自覚は、彼自身の意識に極めて明瞭なりしところ、キリストがわれらに与うるはこの自覚である。この実験である。われら夜深くして人静かなるの時、独り兀座《こつざ》して観心すれば、そこに天真の赤裸々に顕わるるを見る。その真我はいかなるものであるか、勢利紛華か、あらず、智械機巧か、あらず、塵欲俗情か、あらず、氷清玉潔、清きを愛し高きを慕いて、あこがれ止む能わざるの理性の要求である。精神を尽くし、心を尽くし、力を尽くし、意を尽くして父なる神を慕い求むる、子たるものの衷情である。ペテロの確信動かすべからざるところである。これクリスチャンの自覚である、かかる自覚はクリスチャン以外にもある。けれども時あってか、あやふやになる。キリストは葡萄の樹われらはその枝、離るべからざるの自覚に入るものは、どうしてもクリスチャンだ。天地の神と一つになる、神の霊能われらの中にあるを知らば、永しえに生き給う神を父とする、われらは死なじとの確信に入られるのである。死すともまた生く、われらの生命は永遠の復活の生命である。

春は来た、しかれどもまた去る。桜花は爛漫として咲き栄えている、しかれども幾許もなくして散り果てる。されどキリストの復活を味わうものは花咲き鳥歌う、永遠の春の人だ。これ真に復活の福音ではないか。

（『海老名弾正説教集』新教出版社、一九七三年所収）

海老名彈正《えびなだんじょう》（一八五六―一九三七）

海老名彈正は、幼名を喜三郎と称した。一八五六年九月一八日（安政三年八月二〇日）、筑後の柳河藩藩士海老名平馬助の長男として生まれた。八歳で母を喪う。同年、藩校伝習館に入学。明治維新後、一八七一年、宣教師ジェーンズが熊本洋学校を開校。海老名は翌一八七二年、同校に入学した。翌年、ジェーンズが聖書研究を開始、海老名も参加した。一八七六年、熊本市花岡山で、洋学校生徒三五名が盟約を結び、いわゆる熊本バンドを結成した。奉教趣意書に署名、信仰を言い表したのである。海老名もこれに署名した。そして洗礼を受けた。この盟約からはのちに離脱した者も多かった。熊本洋学校は同年、閉校となった。そのために有志は、新島 襄が創立して間もなかった、京都の同志社英学校に移った。海老名は翌年、上州安中に夏期伝道に派遣され、成果を挙げている。そのために次の年一八七八年にも伝道に赴き、新島も応援に来て、三〇名が受洗、安中教会が生まれている。

一八七九年、同志社を卒業、安中教会に赴任。一八八二年、横井小楠の長女美屋（みや子）と結婚した。横井は熊本藩士で維新の際に活躍したひとであるが、既に暗殺されていた。一八八四年、前橋に移る。伝道は成果を挙げ、一八八六年、前橋教会を設立し、まもなく東京に移った。本郷の地に講義所を開設、伝道を始めた。のちの日本組合基督教会（現弓町本郷教会）である。海老名は優れた伝道者であり、いずれの地でも成果を挙げた。そこで力を発揮したのは、何よりも、その弁舌であった。

翌一八八七年、本郷での伝道を、熊本バンドの同志でもあり、義兄でもあった伝道者横井時雄に委ね、熊本に戻った。熊本英学校、また付属の女学校を創立、初代の校長となった。一八九〇年、組合教会の日本基督伝道会社社長となった。伝道者としてのカリスマを評価されたからである。しかし、日本伝道の自立を主張して宣教師たちと衝突、三年後の一八九三年の選挙で落選した。そして最も古い教会のひとつである神戸教会（現日本基督教団神戸教会）の牧師となった。

一八九七年、東京の本郷に戻る。翌年、大火で教会堂を焼失。教会再建をはかる。説教者として名声が高まり、教勢は進展した。一九〇〇年、月刊の機関紙「新人」を創刊。一種の総合雑誌であり、吉野作造、内ヶ崎作三郎、鈴木文治など、社会で活躍した信徒も編集に加わり、文化・社会も論じた。海老名の説教、論説も毎号掲載された。教会誌であるとともに組合教会の重要な機関紙ともなったのである。販売部数六千部に達したと言われる。

四〇歳代、五〇歳代を、本郷教会牧師として生きた、この二〇年余りが、海老名の最も脂の乗った、活躍の時代であった。何よりも説教者として多くの聴衆を集めた。本郷伝道を再開した頃は、ほぼ三〇名であった会衆が、急速に増加して五〇〇名を数えるようになった。知識人、学生がよく集まった。当時、最も多くの会衆が集い、植村牧師の牧する富士見町教会をも凌ぐ教会となったのである。しかし、「新人」の記事によると、教会員が定数を満たさず、教会総会がしばしば流会となったりしており、教会共同体として本郷教会が成熟するには至らなかったようである。活動期の後半は、既に勢いに陰りが見えている。一九〇三年、本郷教会は初めて日本組合基督教会に加入した。同年、『耶蘇基督伝』、『基督教本義』『基督之大訓註釈』を刊行、翌一九〇四年には『宗教教育観』、一九〇六年には『霊海新潮』、一九一二年に、『国民道徳と基督教』、一九一六年に、『選民の宗教』、一九一八年に、

『基督教新論』と、著述の刊行も盛んであった。また一九〇八年、エディンバラにおける世界会衆派教会大会に出席、そのあとで最初の訪米もしている。更には、一九一〇年、朝鮮伝道、一九一五年、米国・カナダ伝道に赴いている。一九一九年には夫妻で欧米を周遊、翌年帰国。本郷教会を辞し、同志社総長、及び同志社教会牧師となった。一九二三年、渡米している。一九二四年には、同志社教会牧師を辞任している。総長時代、いろいろな事件に遭遇している。一九二八年、天皇の即位大典に際し、同志社より失火、責任を負って総長を辞任した。一九二九年、東京で引退生活に入った。一九三〇年、『基督教大観』、一九三三年、『日本国民と基督教』を刊行している。病気のため静養生活に入り、一九三七年五月二二日、死去した。八〇歳であった。死去後、『基督教概論未完稿・我が信教の由来と経過』が刊行された。なお一九七三年、『海老名弾正説教集』が新教出版社から、改めて刊行されている。

海老名弾正は、植村正久と福音同盟を通じて伝道に協力していたが、本郷伝道の初期、一九〇一年、植村と基督論論争を始め、激しい論戦となった。正統的なキリストの神性理解を否定したからである。福音同盟から離脱している。海老名自身、四〇歳を超えてドイツ語の学習を始めた。シュライアマハーに代表されるドイツの近代神学を学び直して、理論武装を整えたかったようである。しかし、その神学は自由主義神学と言えるが、海老名の独特の信仰体験とも深く結びついている。生涯の終わりに近く、一九二〇年刊行の「新人」第二三巻第七号に掲載された「余が信教の由来」は、海老名の信仰が語られている貴重な記録である。それによると、明治維新前後、当時の日本の精神界は、神を信じない想いも強く、道徳的にも退廃し、「誠心の儘に行きたい」という海老名青年は迷うばかりであった。ちょうど太平洋戦争後の日本の若者たちと似ている虚脱の状態のようなものであったのであろう。そこでジェーンズに出会ったのである。彼の自宅で聖書を学んだあと、ジェーンズは青年たちに起立を求め、祈りについて語った。そこで若い海老名は神を知った。「私は此時初めて王政維新をやった」。私利私欲が権威であったこれまでの人生が一新した。「神は主君として私の職分を自覚した時に初めて良心がオーソリティーを得た」。当時は、このような体験を実験と呼んだ。この神のオーソリティを知る祈りの実験は、当時の多くの日本人の入信に共通のものであった。海老名は「内観」という言葉を使う。自分の意識内での自己観照であろうか。黙想に似ている。読書もできなくなっても内観を深めることができる。そこでやがて、「神は絶対的の愛を求め給う」が、それに応えることができない自分の思いを知る。「自己の力を実現したい」と思うが、それは神に従う思いではない。海老名はそこで罪を知る。「私は十字架につけられた。ゲッセマネの祈を私も祈った。願くば此盃を取り去り給えと祈ったが、遂に御心を委せ給えと言うに至った。かくて此世に於ては精神的にも、肉体的にも絶望である。そして唯神を慕う一片の誠が残った。其時讃美歌を歌った」。この賛美歌は英語で歌詞を記しており、英語で歌ったのかもしれないが、『讃美歌』（一九五四年版）の三三六番の歌である。海老名は、自分の罪のための贖罪としての主イエスの十字架というよりも、ゲッセマネの主イエスの祈りを自分も共有することで、自分もまた十字架を担ったと理解したのである。この賛美歌を引用した後で、こう書いている。海老名の一種の信仰告白である。「総てのものは悉く取りあげられて、此心のみ許された。赤子の心が自覚された時に、宇宙の神である上帝は変じて、父となり給うた。此自覚は尊く有り難い。それ迄にも私は神を父と言わぬでは無ったが、真の味はなかった。……其刹那から私の中に忠臣義士が無くなった。生涯を神に捧げて、神の御事業をやると言う男は十字架に死んで唯神を慕う一片赤子の心のみが残った」。海老名なりに律法を捨て、ただ信仰によってのみ生きる道を与えられたということである。このただ信仰に生きる「神の子の自覚」が、その後の海老名を生かしたのである。この自覚に立ち、内観と思索を重ねて生き、その説教の言葉もここに生まれたのである。

海老名の語るところは、明治から大正に移る時代、いわゆる大正デモクラシーの時代の風潮に対応するところがあったのであろう。当時の知識人のこころの渇望に応えるところがあったのであろう。海老名自身も社会の問いに応え得るものが、自分にはあると確信したのであろう。その確信を秘めた言葉を語り得たのである。

海老名の説教は、こうした説教者自身の霊的実験に根ざすものである。教会の伝統的・正統的な教理を語ることはない。キリスト論だけではなく三位一体論をも受け入れてはいない。聖書は、自分に霊的な経験をもたらす大切なものであるが、説教が説く神の言葉として重んじられるわけではない。

ここに紹介する説教は、「新人」第八巻第五号（一九〇七年）掲載のものである。海老名牧師、五〇歳のときのものである。礼拝で聖書テキストが読まれたのであろうが、説教題だけでテキストは挙げられていない。説教は宇宙・自然のいのちの営みの観想から始まる。「私は、今朝天照大神が天岩戸を出て来たり給う光景を読んだ」とあるが、何を意味するかはわからない。いずれにしても、いのちの復活を祝うのはキリストの教会だけではない、と言い切る。人生に死のみしかないのならば、こんなに惨憺たる人生はない、と言い切る。そこで平家の滅亡を述べたのち、ようやくイスラエルの滅亡の歴史を物語り、ユダヤ人の国家は滅んでも民族は復活していると告げる。そこでようやくキリストの復活に至る。

　海老名は体の復活を語らない。十字架で肉は殺された。しかし、キリストの精神は十字架に架けられて死ぬようなものではなく、復活して「弟子らの胸中に第二のキリストと生まれた」。これを「キリストの社会的、精神的復活」と呼んでいる。神の子である人間を自覚するならば、この復活のいのち、永遠のいのちに生きるのである。

　海老名の説教は本来の教会の信仰と教えに生きているかどうか、私には疑問である。しかし、大きな影響力を持ったことは否定できない。ドイツ近代神学とは何であったか。その日本的な姿を、われわれは海老名の説教で身近に聴き取ることができるとも言えるであろう。

受難週とイースター

北森嘉蔵

コリントの信徒への手紙一　第一章一八―二五節

「年々歳々花相似たり歳々年々人同じからず」という古いことわざがあります。教会も年々歳々クリスマスを迎えイースターを迎えます。このことわざを学びますときに、年々歳々花は同じでも、クリスマス、イースターにつきましては年ごとに、少しずつでも深まることを求められていると思うのです。一〇年前のイースターと今年のイースターとで、まったく同じ心の状態というのではいけないと思うのです。

せめて去年よりも今年、一〇年前よりも今年、いささかなりともイースターについてのとらえ方が深まったということにならないと、神様に対して相すまないと思うのです。これはわたし自身についても当てはまるのでして、イースターについて、去年よりも少しでも深まるように導いてください、ということを祈っている次第でございます。

今年は、どういう点で目を開かれたかということを、まずお話しいたします。去年よりも、イースターのとらえ方が少しでも深まったのは、きょう取り上げました、「コリント人への第一の手紙」の一章の一八節によってでございました。「十字架の言は、滅び行く者には愚かであるが、救にあずかるわたしたちには、神の力である」続けて読みますと、「十字架の言葉は神の力である」ということになります。

皆さんは、何気なくこの言葉をお読みになっているのではないかと思いますが、ちょっと考えるとこの言葉は不思議な、理屈に合わないような筋で書かれている、と思う方もいるのではないでしょうか。皆さんがお書きになるとすれば、「復活の言葉は神の力である」と、書きたいと思うでしょう。まことにキリストの復活は、神の力が、キリストの力が、勝利となって現れた出来事でございまして、神の力ということを今ここで讃美いたします。十字架の言葉と言わないで、よみがえりの言葉は、神の力である、と言いそうなものですけれども、パウロはそうは言わないのです。十字架の言葉が、神の力である、とはっきりと書いているのでございます。

この点について、わたしが一昨年の終わりごろから、いささか目を開かれたことがございます。一度礼拝のときに触れましたが、きょうはもう一度触れることをお許しいただきます。それはペールマンというドイツの神学者が書きました、『現代教義学総説』という書物でございます。この人は、わたしよりは少し若いくらいの神学者でございます。その処女作が、『現代教義学総説』として、一昨年日本語訳が出ました。これでわたしは目を開かれました。

彼はこう言います。「皆さんは次のように、おっしゃりたいのではないですか。すなわち、キリストは、十字架において犠牲となって敗北したもうたけれども、復活において勝利者となりたもうた。こういうふうに、おっしゃりたいのではないですか」と。聖書では十字架の言葉が神の力であると書かれていて、復活においてだけ、神の力や神の勝利を言うのではいけない。十字架において神の力が現れ、神の勝利が現れ、それの現実化したのが復活である、とペールマンは申します。

そしてすばらしい言葉を引用いたしました。それは、アウグスティヌスが一五〇〇年前に書いた言葉でございます。「犠牲となりたもうたがゆえに勝利者となりたもうた」。これはラテン語で書かれておりますが、「ヴィクトール、キア、ヴィクティーマ（victor quia victima）」という、アウグスティヌスの言葉です。

これはほとんど今の英語にもそのまま現れております。ヴィクティーマというのは、語尾を取るとヴィクティムですから、犠牲です。ヴィクトールは勝利者という意味です。ラテン語で言うと、ヴィクティーマの vict と、ヴィクトールの vict とが同じですから、かけ言葉として印象が強いわけです。

きのうまでの受難週において、キリストはわたしたちの犠牲となって、まことに惨めな姿をお取りになりました。けれども一夜明けて、きょう復活の日には、勝利者となって、神の力を現したもうた、というふうに言って怪しまないわけです。「犠牲となりたもうたけれども、復活において勝利者となりたもうた」と言いたいわけです。こういう言い方ならば、アウグスティヌスの言葉と違ってきます。

そうではなくして、「十字架において犠牲となりたもうたがゆえに、勝利者となりたもうた」。「にもかかわらず」ではなくして、「したがって」です。「そのゆえに」という、キアという言葉を非常に強調しております。犠牲となりたもうたがゆえに、勝利者となりたもうたのです。

ですから、受難週とイースターが密接につながるのです。わたしたちは受難週は受難週、イースターはイースターといって、この二つの言葉が、何か対立するもののように見ております。きのうまでの受難週と、きょうのイースターとは矛盾しているのです。きのうは敗北者の姿をキリストはお取りになった。死刑囚としてこの世の生命を終えられました。けれども、きょうは一転して、光り輝く復活の姿とおなりになった、というわけですから、当然「けれども」という言葉に行くわけです。

ところが、この言い方をしてきたから教会はだめになった。そうではないのだ、十字架において、犠牲となり敗北者となりたもうたがゆえに、勝利者となられた。これがアウグスティヌスの言葉なのだ、と申しました。そしてわたしが驚いたのは、この考え方は『神の痛みの神学』から示唆された、と書いておりまして、ひと事ではなくなりました。突然自分の身に降りかかって来まして、とくと考え直さなければならないと思いまして、ずっと一年間考えて来ました。

この神の力という言葉は、デュナミスというギリシヤ語ですけれども、ダイナマイトという英語の元の言葉です。これは潜められた力という意味なのです。ダイナマイトというのは、爆発してその力を発するのであって、普通のときには爆発しないわけです。ダイナマイトの力、デュナミスというのは潜められているわけです。潜在化しているわけです。それが現れてくるとエネルギー、エネルゲイアになります。エネルゲイアは顕在化した力です。現勢力と申しますか、現れた勢力ですが、デュナミスは潜勢力です。潜んだ力であるということになります。

十字架の言葉はデュナミスなのです。神のデュナミスなのです。このデュナミスが、エネルゲイアになったのが、イースターなのです。ですから勝負は十字架でついているのです。十字架においてキリストが勝利者となりたもうたから、イースターにおいてエネルゲイアになりたもうたのです。ところが、わたしたちはほとんどこのデュナミスということに、目を注ぎませんでした。そしてひたすらエネルゲイアのほうだけに、現れた勢力にだけ、関心を持ってきたのではないでしょうか。

そうすると、どういうことになるかというと、イースターが、わけの分からないお祭りになるのです。一度死人になって、完全に無機物になって物になった死体が、どうして血が通い息をする、いわゆる有機体になるのかというのは、まことに奇妙な話です。ところが、わたしたちはこの「妙な」話を、「妙なる」真理として、礼拝の中で讃美して学んでいる次第でございます。そのことに入ります。

英語では、最近この二〇年くらい、「奇跡」という言葉を、「異象」という言葉と区別してまいりました。「異象」というのは異常な現象です。これを miracle という英語に当てます。ひところ使われた日本語でいうと超常現象です。いわゆるスプーン曲げです。

けれども、miracle という異常現象というのは、二つのつまずきをわたしたちに与えます。一つは、異常ですから、なかなか、ついていけないということです。ある人は異常現象を肯定して、確かにスプーンは曲がったのだと言うでしょうけれども、隣に座っている人は、あれはいんちきだと最後まで言い続けるでしょう。たとえ異常現象と言っても、ある人にとっては肯定できても、ある人にとっては肯定できないと言って、しょっちゅう論争が絶えないのです。

しかしながら、wonder という言葉がございます。wonder という英語は、ほとんど miracle と同じように使われますけれども、違うのです。miracle というのは「異象」、異常現象でございますけれども、wonder はまさに「奇跡」なのです。ですから、復活は wonder であって、miracle ではないのです。miracle であるかもしれませんが、miracle としての復活は、わたしにはわかりません。どうして有機体に、無機物になったものがなるのか、科学的証明はできないのです。聖書もしようと思いません。けれども、聖書がわたしたちに宣べ伝えるのは、ここで奇跡が起こったということです。奇跡が起こったということは、miracleが起こったということではなくして、wonderが起こったことなのです。

そうしてwonderというものは、形容詞にすればwonderfulです。wonderfulというのは、すばらしいということです。すばらしいということは、full of wonderという意味なのです。wonderに満ちているからすばらしいのです。しかしながら、miracleという形容詞は、そういう意味を持ちません。これはまったく異象的という意味です。

そして異象については、ソ連のような唯物論の国でも、国家がかなりの予算を使って、スプーン曲げに類する、超常現象の研究をさせておるそうです。唯物論の国でさえも認識できることですから、信仰があろうがあるまいが、認識できることが、miracleなのです。超常現象はいかに超常であり、常を越えていても現象であるかぎり、現象というものは必ず認識できるのです。

きょうは暖かいというのは気象でしょう。気象というのは現象なのです。気象という現象は信じなくともいいのです。きょうは暖かいと信じましょう、と言わなくとも暖かいのです。ですから異常現象も仮に異常であっても超常であっても、現象であるかぎりこれには信仰はいらないのです。

スプーン曲げを本当に受け入れる人は、決して、異常なことを肯定しているとは言わないでしょう。これは認識できたのだから証明できたのだから、きょうが暖かいというのと同じように、スプーンが曲がったと証明するのだ、というわけです。けれども、それについていけない者がいるのは確かなことなのです。

わたしもついていけません。スプーン曲げはあくまで異常現象であって、肯定する人もいるけれども、わたしはついていけない、ということです。そうしてそのときに、どうしてもついて来なさいと言われると、スプーン曲げは重荷になるのです。重荷になるということは、のろわしいものになるということです。

復活も、もし超常現象、異常現象にとどまって、理性は納得しない、承認はできないけれども、有無を言わせず承認しろということならば、決して讃美の対象にならないのです。讃美の対象にならないことは、礼拝の中では位置を持ちません。

ですからきょうはイースターの礼拝ですけれども、イースターの礼拝においては、復活の出来事はすばらしいものなのです。すばらしいものということは、讃美されていることという意味なのです。ですから、これが復活のおとずれを、福音としてわたしたちが受け入れるということなのです。福音というのは幸いなるおとずれ、すばらしい便りということなのです。スプーン曲げというのは、決してすばらしい便りにはならないのです。仮に認める人がわたしの隣にいても、わたしは認めることに躊躇します。

復活を信じなければ洗礼を授けませんと教会で言われて、洗礼を授けてもらいたいから、いやいやながら、超常現象としての復活を承認するという人が、もしいたとするならば、その人は礼拝しないのです。讃美できないものは礼拝できないのです。礼拝というのは讃美するものを礼拝するのです。

十字架の言葉はwonderなのです。だから、そのwonderの中に潜められていたデュナミスが、潜勢力が現れてくると現勢力、エネルゲイアになって、これが復活になるのです。ですから、ペールマンが言うとおり、復活は十字架に対して、「けれども」で結び付かないのです。十字架に付きたもうたがゆえに、十字架に付いて犠牲となりたもうたがゆえに復活が、おのずからにして、従って出てくるのです。

十字架を讃美することはできます。これは罪の赦しのおとずれですから。その罪の赦しのおとずれを讃美する讃美の声が、イースターまで続くのです。受難週でわたしたちが感謝した主の苦しみのメッセージ、そのメッセージに対して、わたしたちは感謝し讃美いたします。その感謝し讃美する歌声が、イースターにおいて、続いて出てくるということでございます。

どうして十字架の言葉は讃美されるのでしょうか。それは、わたしたちが神に背いて、神の敵となっていたにもかかわらず、神はわたしたちを愛して、愛の内に包みたもうたからです。ここで愛の内に包むという言葉をご注目いただきます。

中国のことわざに「嚢中の錐」という言葉があります。嚢というのは背嚢の嚢です。袋です。袋の中に錐が入っているという、まことに鮮やかなたとえでございます。これは平凡な人間の集団の中に、非常に頭の切れる人間がいる、というときの例えだそうですが、わたしはこれを中国の意味と違って、袋の中に錐が入っているという、文字どおりの意味に取りたいと思うのです。

錐の切っ先がとがっているのを包むふろしきは、どういう姿になるでしょうか。錐の穂先によって破れ傷つき痛むということです。神が神に対して従順な者、かわいくてたまらない人間を愛したもうときには、ちょうど手まりを包むふろしきみたいなものです。あるいは手まりを包む袋のようなものです。まったく調和していますから、袋は破れ傷つきも痛みもしません。けれども、切っ先のとがった錐が包まれるときには、その切っ先によって袋が破れ傷つき痛むのです。これが十字架なのです。

きのうまでわたしたちが記念した受難というのは、わたしという、錐のように不従順な者を、神が愛してくださるから、神の愛がイエス・キリストの十字架において、破れ傷つき痛む姿を取りたもうた、ということでございます。これが、受難がわたしたちのために起こった、ということでございまして、感謝と讃美とが捧げられるゆえんです。

ところが、神に背いているわたしを包みたもう神の愛には、わたしはもはや背けないのです。背いている者を赦す愛には背けないのです。つまり、背くという行為が破れてしまうのです。わたしが負けるのです。神の赦しにはわたしは負けるのです。

この神の赦しが十字架の姿をとって、しかもわたしに打ち勝ってくださるということが、十字架の言葉が神の力であるということなのです。ですから、十字架から復活までの路線は、つながって、両方とも讃美と感謝と礼拝の対象になるのです。ですからその場合には、復活のおとずれは miracle ではなくして、wonder になるのです。

無機物になったものが有機体になるときには、どういう化学変化が起こるのか、という議論については知りません。何か化学構造をもっている無機物となった人間が、もう一度生きた血の通う復活体になるのか、how についてはわたしは知りません。ですからわたしのところに、質問にいらしても、わたしはわかりませんと答えるだけなのです。復活体が、どういう化学構造をもっているか、ということについて、わたしはお答えできないのです。また教会は答える責任もないのです。

なぜかと言うと、もし化学構造で確かめることができれば、信仰がなくても承認できるのです。ここが非常に大事です。化学構造で復活体の証明ができれば、信仰はいらないのです。承認できるものに対しては信仰はいらないのです。信仰というのは、証明できないから信仰するのです。

わたしたちも死体になって、復活するのです。その死体になって、無機物になったものが、どうやって復活し、もう一度、何らかの形の有機体になるか、ということについては、わかりません。わかりませんから、何をわたしはするかというと、全能の神にお任せするのです。わからないことはお任せするのがいちばんいいのです。神は必ず答えを与えてくださいます。わたしたちに復活を現実化してくださるときに、わかったかとおっしゃるでしょう。今はわかりませんけれども、無機物になったものが有機体になるということだって、神はおできになるのです。

有機物と無機物とは確かに有と無です。無機物が有機物になるというのは、異常な現象だと言いますけれども、わたしたちが母親の胎から生まれてくるときには、無から有にしていただいたのです。二〇〇年前はお互いに無だったのです。無機物を有機物にすることのできるお方は、無を有にすることのできるお方ですから、これは任せればいいのです。復活体はどういう化学構造ですか、ということは全能の神に任せるのが、いちばんいいのです。

けれども、そのmiracleの形をとっている出来事が、wonderである、奇跡であるということは、はっきりと認識しなければならないのです。それはわたしの罪が赦されて、そして、わたしの罪がその愛には負けるということです。負けるからキリストはそこで勝利者になりたもうた。犠牲となって、わたしを愛したもうときに、その犠牲となりたもうた瞬間に、わたしの罪に打ち勝っていたもうのです。

さて、これからわたしたちは聖餐式にあずかります。聖餐式は、十字架において裂かれた肉と、流された血とを記念する聖礼典です。これまでおあずかりになったイースターの聖餐式で、こういう感情をお持ちにならなかったでしょうか。「きのうまでならば、十字架で裂かれた肉と、流された血とを記念する聖礼典でよかった。けれども、きょうは復活体を記念する、イースターの礼拝だから、復活した体にあずかるということに、どうしてならないのだろうか」とお思いになりませんか。

わたしたちは復活祭においても、十字架で裂かれた肉と流された血とを記念するのです。今、天にあって栄光に輝いていたもう、復活体を記念しないのです。裂かれた体と流された血とを記念するのです。それはイースターにおいても讃美されるのは、きのうまでの十字架の出来事だからです。そのきのうまでの十字架の出来事が、すでに勝利を潜めているから、その勝利が現勢力になったのがこのイースターです。本当の勝負は、十字架においてついたのでございます。

ですから、受難週からイースターまでの一週間というのは、続いているわけです。続いていて讃美し続けられるということで、これから共にあずかります聖餐も、ヴィクティーマ（犠牲）がヴィクトール（勝利者）になるという、その不思議な構造を皆さんは味わいながら、これから聖餐式にあずかっていただきたいと思います。

（一九八七年四月一九日）

（『日本の説教Ⅱ 12　北森嘉蔵』日本キリスト教団出版局、二〇〇六年所収）

北森嘉蔵《きたもりかぞう》（一九一六―一九九八）

北森嘉蔵は、一九一六年二月一日、熊本市に生まれた。浄土真宗の家であったそうである。熊本中学で学び、一九三二年、中学を四年で修了、第五高等学校文科に入学した。秀才であった。この頃から教会に通うようになり、一九三四年、日本福音ルーテル熊本教会で洗礼を受けた。ルーテル教会の神学者佐藤繁彦の著書に感銘を受け、その教えを受けるべく、大学には行かず、日本ルーテル神学専門学校に入学した。入学直後、佐藤繁彦は逝去したが、そのまま神学校で学んだ。卒業後、京都大学文学部哲学科に入学、いわゆる京都学派の学風に大きな影響を受けた。一九四一年、卒業後、京都大学に残り、副手を務めたが、一九四三年、日本基督教団成立後、各教派に属していた諸神学校が統合されて生まれた日本東部神学校（のちの東京神学大学）の助教授となり、敗戦後の一九四九年、東京神学大学教授となった。

北森の処女作『十字架の主』が新生堂から刊行されたのは、一九四〇年、まだ太平洋戦争の開戦前のことであり、著者二四歳のときであった。神学校在学中に執筆したものである。一九四三年、長崎書店から『神学と信条』を刊行。戦後間もなく、新教出版社から代表作『神の痛みの神学』を刊行し、一躍、著者の名は、教会内外に広く知られるようになった。文語訳聖書のエレミヤ書第三一章二〇節、「わが腸《はらわた》痛む」の言葉に基づき、これをキリストに現れた神の愛の正確な表現と捉えた。ルター派的な恩寵理解、十字架の神学と、京都学派流の〈包む〉弁証法が結びつき、しかも日本的な感性に支えられた「痛み」の概念は、広く受容された。この〈包む〉という契機を欠くとして、バルト神学を批判するものでもあった。この書物は、やがて英語、ドイツ語、スペイン語、イタリア語、韓国語に訳され、日本固有の独自性をも帯びた十字架の痛みの神学として評価された。特にバルト以後の、ユルゲン・モルトマンなどの神学者たちにも評価され、世界的な話題となった。しかし、広く、深く日本の教会そのものを活かすものとなったかは疑問である。

もっぱら神学教師として働いていたが、早くにルーテル教会を離れ、日本基督教団に転じ、一九五〇年、日本基督教団西原教会を創立、その初代牧師となった。一九五二年、教会は移転し、千歳船橋教会となった。北森は一九九六年まで在任、隠退教師となり退任した。在任、四六年であった。その間、一九八四年、東京神学大学を定年で退職している。北森が地上の生涯を終えたのは、一九九八年九月二九日、八二歳であった。

北森は著書が比較的多い。しかし、まとまった教義学概論や組織神学概論を発表してはいない。全集、著作集があるわけでもない。一九六〇年に新教出版社から刊行した『宗教改革の神学』が比較的まとまった学問的著述と言えるであろう。著書の多くは『神の痛みの神学』を踏まえながら、時代の問題と対話し、福音啓蒙のために書かれたものである。特に敗戦後からの何年かは、一般社会も歓迎するところがあり、信徒の教育のために、また福音の弁証、伝道のための書物を多く書いている。筆の立つ神学者であり、日本人に理解しやすい言葉を会得していた得難い執筆者のひとりであった。いくつかの著書を挙げる。『福音の性格』(西村書店、一九四八年)、『救済の論理――キリスト教入門』(創元社、一九五〇年)、『マルティン・ルター』(弘文堂、一九五一年)、『聖書入門』(河出書房、一九五四年）などであるが、刊行出版社もいくつかに広がっている。

北森はルーテル教会を離れて日本基督教団に積極的に参加、教団が合同教会として形成されることを念願とし、そのために力を注いだ。一九五四年、教団の信仰告白が制定されたときも、信仰告白制定特別委員会書記として信仰告白成文化のために特に力を注いだ。そこで信仰告白制定直後に日本基督教団出版局から『日本基督教団信仰告白解説』を刊行している。

死去後も北森の著書の刊行は続いており、著作数はかなり多い。特に多いのは聖書講話と呼ばれるものである。晩年、七年ほど続いた朝日カルチャーセンターの講義でも、もっぱら聖書講話をしており、それが記録され、刊行されているのである。千歳船橋教会における説教の記録が残っているが、圧倒的に多いのが連続講解説教である。講解説教と言っても独自の方法を駆使しており、聖書テキストをきちんと釈義し、黙想して、理論的構成を整えてというのではなく、かなり自由に語っている。多くの例話をもちい、文化現象に触れ、聴き手の関心を呼び起こし、考えさせていく。しかも教育的な意図を持って導いている。日本プロテスタント教会の説教の多くに見られた伝統を現代において生かした、優れた説教者の語り口を見ることができる。

一九八七年四月一九日の復活主日、北森が七一歳のときの説教「受難週とイースター」という平凡な題で語った説教を、ここに紹介する。聖書テキストはコリントの信徒への手紙一第一章一八節から二五節までであるが、その講解説教ではない。この頃は主題説教を続けている。

毎年イースターを迎えても同じ思いであるならば、「神様に対して相すまない」ことになる。去年よりも深い思いでイースターを迎えたいと言う。求道者というよりも何年も生きてきた信徒に語りかける、親しみを込めた、牧師らしい語り方から始める。

そこで読まれた聖書テキストから「十字架の言葉は神の力である」という主題を聴き取る。「復活の言葉は神の力である」と言うのならばわかるが、なぜ十字架の言葉なのか、と問題を先鋭化させ、聴き手の問題意識を掻き立てる。聴き耳を立てさせる。こういう関心を呼び起こす語り口を北森は重んじている。伝道者の語り口として習得するように、と授業においても神学生に注意を促したものである。

そこで翻訳が刊行されたドイツの神学者の『現代教義学総説』からと言って、十字架は敗北、復活は勝利と考えることが多いが、とアウグスティーヌスの言葉を引用していることを紹介する。「ヴィクトール・キア・ヴィクティーマ」。十字架において犠牲になられたからこそ勝利者である。ここに説教のメッセージが提示される。受難週とイースターは密接につながるのである。

そこで聖書テキストにある「神の力」の説き明かしに移る。このような説き方は、説教学でいう即テキスト説教（textual sermon）の方法である。「力」と訳されているギリシア語デュナミスは、潜められた力を意味する。この力が顕在化したときエネルゲイアと呼ばれる。十字架の言葉はデュナミスとしての力であり、これが復活において顕在化する。つまりエネルゲイアになる、のである。

このような言葉の使い分けは、なお続く。今度はミラクルとワンダーという英語の使い分けである。ミラクルを北森は異常現象と訳す。その代表例としてあげたのはスプーン曲げである。ワンダーはワンダフルと賛美の声を促す出来事である。言うまでもなく復活である。これを、北森は奇跡と訳す。スプーン曲げと復活という思いがけない対比をしながら、復活は賛美、礼拝の行為を呼び起こす出来事なのだと説く。誤解されれば言葉遊びと取られかねないが、北森の、老いても衰えない才気を感じ取ることができる。これらの言葉を産むための黙想が重ねられ、これだ、という思いつきが与えられたのであろうか。

ここから「神の痛み」が語られ始める。これは多くの説教に見られる手法である。十字架の言葉は賛美せずにおれない。なぜか。わたしたちが神に背き、神の敵であったとき、神はわたしたちを愛してくださり、「愛の内に包みたもうたからです。ここで愛の内に包むという言葉をご注目いただきます」。ここに神の痛みの神学の鍵の言葉〈包む〉が用いられる。パウロが語る「十字架の言葉」とは、この罪人を包む愛の言葉なのである。ここでも中国語の表現「嚢中の錐」という言葉を用いて、不従順な罪人を包む神の愛は、錐で刺されるふくろのように破れ傷つき痛む愛、つまり十字架の愛なのであると語る。ここに神の愛のワンダー、奇跡がある。このように丁寧に言葉を重ねていき、最後に、十字架がひめていた神の愛の勝利が顕在化し、現勢力になったのがイースターだと告げて終わるのである。

復活

福田正俊

コリントの信徒への手紙一　第一五章五五―五七節

一

「死の刺《はり》」。死によって引き起された傷は癒えない。愛する者を失ったその私共の傷はとうてい癒されることができない。神は私共に対して、友としあるいは親子として、夫とし、あるいは妻として、隣人を与えていたもう。神が私共に「汝」として隣人を与えたもうということは、私共の生に限りない深みを与える、深刻な事実の一つである。死は愛する者の間の交わりを破壊する。死がひきおこすいたましい悲しみは愛の悲しみである。今まで顔をあわせていたものと、その瞬間からもはや永久に語り合うことができない。それが死の痛みである。自分の一部分といってもよい愛するものが奪いさられてゆくその傷は、決して代用品によって癒されるものではない。時にはそれによって自分の運命が狂い、自己さえ喪失される。これが死の刺であり、死の牙である。人間は互に愛しあい、語りあい、理解しあうためにつくられている。人間はまず神と交わり、そして人と交わるべきものである。人間は「物」ではない。人間は語りあい、理解しあうべきものである。人間は単なる動物ではない。しかも死はこの代用品のない、世界に唯一つしかないはずの人格をおそうものである。「神の子」としての人間を破壊し、人間と人間との間の交わりをも破滅せしめる。これが死の刺にほかならない。

これに反対する考え方は、死に対する自然主義的な、生物学的な見解である。死はちょうど冬になって植物が凋落してゆくと同じような一個の自然現象だというのである。死にいたって、生長し生殖を遂げた人間の細胞が土に帰ってゆく。それは一個のあたりまえな自然現象にすぎない。苦しむは愚かなことである。理性的な人間は生を考えても死を考えてはならない。安楽死こそ彼の理想である。死はちょうど自然が与える催眠薬にほかならない。醒めることなき眠りにつくがごとき淡々たる無関心こそ、死に対する態度であるべきはずである。ここには死の刺ともいわるべきものは考えられていない。

もちろんこういう考え方にも真理の一部分はあろう。しかしここでは人間は計量可能な客体としかとられていないし、死もまた一つの客体的な現象としてしか理解されていない。おそらくこうした考え方は理性的ではあっても、愛なき、愛の体験なき人間の発案にすぎないであろう。愛する人間の死を単に非人格的に客体的に考えるということに、私共の人格的感情が素朴に抵抗するとき、それはただしい感覚である。医者は、人間として、愛する者の肉体を心の傷みなしに手術し解剖するに忍びない。愚なる者の一滴の涙は賢者のつめたい理性よりも、さらに深く生の真理を物語っている。単なる自然主義は生を知らない、いわんや死おや。

死の刺を認めぬ今一つの考え方は、文化主義的な考え方である。第二次世界大戦のとき、ヴィルヘルム・ヴントという哲学者・心理学者は、個人は死んでも全体は生きると言って学生を励ましたそうである。個人はたとえ死滅しても、民族、文化の生命は久遠である。この悠久な文化の生命、民族の生命に貢献すればよい。それ故若々しい学生が戦場で仆れたとしても、決して無意味なものではない。彼らは文化と民族の生命を次の時代にともしてゆく文化担当者という誇りをもってもよいのである。

この考え方にも真理の一要素を認めてよいであろう。しかしこの見解もまた死の刺を認めえぬ点においては、自然主義とさまで異らないであろう。彼らは何よりも文化の悠久を信じ、死をのりこえた生命のバランスを信ずる。結局全体の生命は無限であって、一つ一つの個人の生命はその前に影がうすれ、大海の一滴のように貢献すればよいわけである。しかしはたしてそうであろうか。私共は文化の松明《たいまつ》をともして、それを運んでゆく、いわば松明運びにすぎないであろうか。私共は全体のための手段であろうか。私共はこの観想主義、文化主義に賛同できない。神は一人一人をアダムと呼び、サウロと呼びたもう。神の前には一人一人の人間がかけがいのない、価高いものである。医者でさえも、望みのない瀕死の病人に対して労を惜しまないではないか。人間は単なる手段以上のものである。

かくして死は真の謎であり、恐れであり、悲劇である。使徒パウロはさらに語っている、「死の刺は罪なり」と。刺とは、死のもっている傷々《いたいた》しいもの、むきだしの白い牙である。それが人間全体をグサリとつきとおす。そしてこの死のおそろしい白い牙は「罪」である。死が人間の存在の全体をおそい、頭から足まで死ななければならないのは、人間の中心が、人格の中心が、罪におそわれているからである。人間の悪い部分が死ぬのみではなく、彼の文化的な部分も、さらには善いと思われる部分さえも死ぬる。それは私共の存在の全体が神より離れ、人間が罪人の存在となっているからである。私共の傲慢、中途半端、強情、愛なきこと、空しいこと、神との交わりを避け神なき自律におちいることは、人間の中心を犯している。彼は善をなしても神なしに自ら善であろうと欲する。こういう人間のたかぶりを神は見るに堪えないと思いたもう。死はこのような人間の強情に対する神の防衛であり、抗議である。フォーサイスが言ったように、罪とは人間が死ななければ神が死ななければならないほどのものなのである。

しかし私共はさらに考えねばならない。死は単に人生という駅路の終着駅ではない。パウロが「噫《ああ》われ悩める人なるかな、此の死の体より我を救はんものは誰ぞ」と言ったとき、おそらく彼は彼の力の絶頂において、さらには人生の若々しい真盛りの時代において、死におかされていることを感じとっている。彼は神の前に罪の力を負わされていることを感じ、一切の被造物が空しい、逃れることのできない、限りない不幸と窮迫のなかを往きつ戻りつしていることを発見する。そして彼はこの死の循環から自らを救いうるものの助けを呼び求めている。おそらく私共はこのように神の前に立って助けを呼びもとめるときにのみ、最も深く自己の中に死の力を感じ、またそれを真実に告白しているであろう。

「罪の力は律法なり」。このような罪の力や死の力は決して自然ではない。それは私共の責任である。罪に真剣さを与えるものは、私共が神の前に神の子として創《つく》られているという事実である。そしてこの神から離れてしまったとき、自分を自分で善くしようとし、自分で自分を救おうとするならば、それは一層私共の罪を雪達磨のように太らせてゆくのみであろう。私共は単なる道徳や文化や律法で救われはしない。否、神のあわれみに助けを呼びもとめることなしにそれらに頼るということが、一層罪の上塗りをすることである。「律法が罪の力となる」。私共には現在「死の体」におちいっているということを告白することだけが残されている。

二

「されど感謝すべきかな、神は我らの主イエス・キリストによりて勝を与へたまふ」。この「されど」はパウロがいつも用いる力強いされど！　である。意気揚々と敵を踏み倒し、完全な勝利をふれまわるような「されど」という言葉である。誰でも動物園の檻のなかに入れられた猛獣を見たことがあるだろう。もうその鋭い牙も無害にされている。パウロは凱旋の軍隊の行進の後に曳きずられてゆく、打ちまかされ、武器を奪われた敵の姿を想いうかべていたようである。死は捕虜として檻の中に入れられた。死の白い牙は折られた。長く人間をとりこにし、あれ狂い、散々くるしめ、手こずらせ、ひきずり廻した死の力は今はどこにあるか。愛する者を引き裂き、涙をしぼり、すすり泣かせ、骨まで喰いしゃぶった最後の敵は今どこにあるか。戦場で、孤独な小房で、人気なきジャングルで、あるいは原子爆弾の下で無念の涙を流させ、あるいは愛の泉を涸らさせた、荒れ狂った死の力はもはやないのである。この「されど」は、罪ゆえに人間に無限の苦しみを味わわせてきたこの最後の力のうち倒されるのを見て、思わずつきあげてくる感謝の歌であり、讃美の束《たば》である。

それでは誰にむかって感謝がささげられるのであろうか。「神は我らの主イエス・キリストによりて勝を与へたまふ」。それは神が勝ちを与えたもうからである。神は彼の被造者が生きることを欲したもう。

神は死んだものの神ではなく、生けるものの神である。それ故神は倦みたまわない。神は交わりの意志であり、愛であり、救いの神である。神が一度死にはてたものから新しい命をつくるということ、罪を赦し、神と交わらせ、望みを与え、かくして新しい生命に生きることを許したもうということは、神の創造の喜びであり、救いの意志の貫徹である。

「神は我らの主イエス・キリストによりて勝を与へたまふ」。イエス・キリストによって神が与えたもうところの勝利、私共はこのことに特に注意しなければならない。死にあたっては、人間は息絶え、もうここで終ったという以外に私共は何も知らない。死にうる間は誰も死については知らないし、死んでしまった後ではもはや誰も死については語ってくれない。死の向う側に何があるか。われわれの誰もそれを知らない。それが光か闇か知らない。それはまさしく私共の存在の終りである。これが不気味な死の姿である。私共が知る唯一のことは、キリストがその死人のなかから、いやさきとして甦りたもうたということのみである。死にあたっては私共はただ孤独と沈黙とのみを知る。しかし神は御独り子を私共の罪のために死なせたまい、私共の勝利のために彼を甦らせたもうたということを知っている。これこそ私共の生と死のなかの唯一の慰めであり、また光である。死に対して答を得たもののみが望みにみちて死にうるとともに、また生に対しても真の答をもち、生を畏敬し、深い現実的な意味で真に生きうるであろう。たとえ「外なる人」は破れても、望みにみちて生きうるであろう。私共にはもはや律法の呪いは存在しない。単なる善悪の区別もまた存在しない。すでに罪の赦しが与えられている。罪の赦しの前にはすべての罪は霧のごとく消えさるであろう。このように死は檻のなかに入れられ、律法の呪いも罪の呪いもなく、父なる神との親しい交わりを与えられつつ、より深い生を生きつらぬくことができる。このように私共は神の子である。

もちろん死はまだなくならないし罪との戦いもまだはげしい途中にあるのであるが。それにもかかわらず、死の牙はなく、罪には呪いの力がなく、律法もまた私共のいかなる罪をも非難することができない。私共は勝利の望みにみちあふれて死ぬことができると同時に、また勝利の望みにみちあふれていかなる生をも生きることが許されている。「神は勝を与へたまふ」ということはこのようなことである。キリストの復活を信ずるキリスト者の生には、このような真の生の徴がこの時代の中にあっても常に輝いていなければならない。

何故勝利が与えられているであろうか。我らの主イエス・キリストが甦りたもうたからである。その勝利は決して私共が勝つ勝利ではなく、神がキリストによって私共に与えたもう勝利にほかならない。しかしそれ故にこそ私共もまたキリストにおいて勝利を占めることができる。実に復活節とはこのようなことを理解し、神に有難うと言い、この神の勝利を祝い、また同時に私共自身を祝う日なのである。

「彼等は主の復活を祝う、彼等みずから甦ったのであるから」（ゲーテのファウスト）。

（一九五四年四月）

（『福田正俊著作集1』新教出版社、一九九三年所収）

福田正俊《ふくだまさとし》（一九〇三―一九九八）

福田正俊は一九〇三年（明治三六年）三月三日、高知市で父馬蔵、母駒尾の長男として生まれた。しかし、同年七月、父が死去。以後大伯父光森徳治・貞衛の元で育った。幼少時より日本基督教会高知教会日曜学校に通ったと言う。一九一八年、高知第一中学在学中、洗礼を受けた。当時は多田 素《しろし》牧師であった。一五歳の時のことである。

一九二一年、慶應義塾大学予科入学、植村正久牧師が牧会していた富士見町教会に出席するようになった。一九二四年、経済学部に進学。特に小泉信三教授に教えを受けたと言う。この年、高倉徳太郎牧師が、富士見町教会信徒の一部と共に創立した戸山教会に移った。高倉牧師に大きな感化を受け、高倉も福田青年を高く評価したようである。

一九二七年、慶應義塾大学を卒業した。卒業論文は「カルヴィニズムの経済学説」であった。すぐに神学校入学を希望したが家庭の事情で高知に帰郷した。いかなる家庭の事情であったか、詳細はわからない。また、大学で学んでいる間に神学を学ぼうと決心したらしいが、その辺の事情も具体的には明らかではない。いずれにせよ、この後福田は、神学を学校で学ぶことはなかった。留学することもしなかった。これは珍しいことであった。神学専攻の学徒とはならなかった。しかも神学者として深い学識と見識を体得するに至ったひとである。もちろん学才に恵まれていたであろうが、自分でよく学んだのでもあろう。そして高倉牧師指導の教会が育てたのである。

高倉徳太郎は、翌年の二八年、その福田を高知から招き、東京神学社の講師とした。二五歳であった。そして、三〇年、日本神学校設立と共に、その教会史の講師となった。学ぶつもりであった神学校に教える者として関わることになった。そして、その要求に応えたのである。同じ年、太田千恵子と結婚している。一九三〇年、戸山教会は移転、信濃町教会となった。三三年、日本基督教会の試験を受け、教師試補として准允を受けた。その翌年、一九三四年一月、高倉牧師が心身不調となり福田が牧師代理として選ばれた。四月、高倉牧師は自死した。葬式の説教を福田がしている。五月、教会は福田を主任者として招聘した。弱冠三一歳で高倉の後継者となったのである。一九三六年、教師試験に合格、按手を受け、正式に牧師として任じられた。

この頃、高倉の感化もあり、信濃町教会は教会員に神学を学ぶ者も多かった。その中核にあったのが福田である。学生時代から哲学にも関心があったが、この頃はカール・バルトを中心とする神の言葉の神学を学ぶようになり、信濃町教会は、日本における神の言葉の神学の発信地のひとつとなり、「十字架の神学叢書」を刊行、翻訳、論文、説教を発表するようになった。たとえば一九三四年、「説教の本質」と題する論文を発表しているが、「カール・バルトの神学の研究」の二番目の論文である。これは一九二二年のバルトの講演「キリスト宣教の困窮と約束」の問題提起を受け止め、『教会教義学』その他の著作を参照しつつ、神の言葉を語るという不可能とも言える説教者の課題を真剣に考察したもので、説教者高倉の後任となるという緊急の課題と取り組みつつ論究しており、今日においてこそ改めて読んで益の多い論文である。また早くから改革者の神学を研究し、改革派神学者、しかも歴史家としてカルヴァンを学んだのは当然であるが、ルターにも傾倒し、その〈十字架の神学〉を深く学んでいると思われる。ルター的な恩寵理解を早くから体得していたと思われるのである。一九四一年、日本基督教団結成、この年に神学論文集『恩寵の秩序』を刊行した。前記の「説教の本質」もこれに掲載されている。同時に説教集『深き淵より』を刊行。いずれも好評であった。

一九四五年、敗戦。翌四六年、福田は牧師を辞任。国家に協力したわけではないが戦時中、エレミヤのように苦悶することもなかった、と悔い改めの意思を表したのである。後任は山谷省吾牧師であった。神学教師は辞任することがなく、同年、日本基督教神学専門学校の教会史・教理史担当の教授となった。四八年、同じ信濃町教会出身の井草教会牧師小塩 力との共著で説教集『時の徴』を刊行。四九年、東京神学大学創立とともに、その教授となった。一九五一年、山谷牧師は口語訳聖書刊行に専心するため牧師を辞任。福田は牧師復帰。教授兼任で勤めることとなった。同じ年、雑誌「福音と世界」創刊。その編集委員長となった。一九六八年、東京神学大学教授を定年で退任した。七三年、七〇歳になったのを機に牧師を退任。隠退教師となった。以後、研究・著述に専念するとともに諸教会を応援している。一九九三年、九〇歳を記念して、『福田正俊著作集』全三巻が刊行された。その第一巻が説教集である。一九九八年七月二五日、地上の生涯を終えている。九五歳であった。

福田正俊は、優れた教会史・教理史の教授であった。しかし、その方面での大著はない。翻訳もない。何よりも説教者であった。かなりの文章を発表しているが、ひとつの見方をすれば広義の説教と呼ぶこともできよう。

福田の説教は、聖書を重んじるものであるが講解説教ではない。連続講解説教もしていない。聖書学研究に関心を注いでいるが、それは神学的な関心であり、自分が批判的方法を駆使して注解を試みたこともない。福田の説教のスタイルは、植村正久、高倉徳太郎と引き継がれてきた日本基督教会のひとつの伝統を継承したものであり、その現代的展開であると言えよう。私が一九六七年、二年半のドイツにおける研究滞在を終えて帰国、間もなく福田牧師を訪ね、研究報告をし、ドイツでハンス・ヨアヒム・イーヴァントの説教黙想に触れて感銘を受けたことを語ったら、「これのことですか」と、一九六四年に再版が刊行されたイーヴァントの大冊の説教黙想集を示した。既に精読している痕跡があり、いささか驚いた。共感するところ多かったのであろう。その説教準備は、今日一般化してきている用語を用いれば、まさに説教黙想と呼んでいい作業であったと言える。神学的エッセーに秀作が多いが、同じ書斎の作業、思索が生んだものと言えよう。

この福田の黙想を支えたものは、聖書の黙想を根幹とするものであったことはいうまでもないが、その黙想の神学的導きとなったのは、恩師高倉から受け継いだ恩寵としての福音理解であり、これを改革者の信仰と神学、そして神の言葉の神学を学ぶことで深化、補強したのである。一九三四年の日付を持ち、『恩寵の秩序』に収められている「福音的教会の本質」という文章は、教会はキリストの贖罪のわざによって支えられ、生かされる罪人の教会であり、この教会は、ルターが語る「慰められた絶望」に生きる場所となるということを強調する。ここに福田が生き、語った福音的根拠が示される。これは終生、変わらない原点であった。

ここに紹介した説教「復活」は、福田が積極的に関わった共助会の雑誌「共助」に掲載されたものである。一九五四年である。おそらく実際に教会の復活主日の礼拝で語られたものを雑誌掲載説教として書き直したものである。

コリントの信徒への手紙一第一五章の聖書テキストから、「死の刺」という言葉が取り出され、それを主題とする考察が第一部をなし、それに対して、復活者キリストにおける勝利の凱歌を歌う、五七節の言葉が主題となるメッセージが第二部を作る。死といのち、闇と光の対比を語るこの二段階の論理構成を持つ説教は、福田の説教ではしばしば見られるものである。人間の罪と死の現実を凝視しつつ、そこに射し込む福音の慰めを指し示すのが、この説教者の基本姿勢なのである。この説教の二分構成は、一九世紀の英国教会の代表的説教者であったフレドリク・ウィリアム・ロバートスンなどが愛用した方法であり、よりラディカルな宣教の言葉の特色が出てくるものとして評価されたものである。

前半は「死の刺《はり》」という言葉に集中する。愛するが故に知る死別の痛みから語り始める。聴き手との対話の姿勢が強い。しかし、現代人には、この死の痛みを消す自然主義的な死の理解、文化主義的な死の理解があると紹介し、批判する。神の前におけるひとりの人間の死を抽象化してしまうからである。聖書は、しかも死の痛みは罪の故であると指摘する。パウロにおける罪人の死の痛みを語る福田牧師の言葉は切実である。この説教者が死の闇の深さを語るときには、いつも痛切な響きが伴う。おそらく説教者自身の存在に食い込む思いがあるからである。このような「死の体」に生きる者にとっては、律法は役に立たない。律法を自力で生き、自分で自分を義とする者は罪の闇を決定的なものとする。

そこに「されど感謝すべきかな」というパウロ固有の〈されど〉が始まる。死に対する復活のいのちの勝利が歌われる。われわれは、死について、死後について何も知らない。不気味である。しかし、今や、われわれは死人のなかからキリストが甦られたことを知る。しかも罪の赦しを与えられる。「死の牙はなく、罪には呪いの力はない」と宣言される。

福田牧師の説教は、しばしば難解であると言われたそうである。そうかもしれない。哲学を愛したそうであるが、緻密に丁寧に筋道を通す。そこから来る難解さもある。しかし、それだけしっかりした福音の論理に貫かれており、よく聴く者にはかえって明快である。また言葉を丁寧に選んでおり、単に論理的であるだけではなく、福音の出来事を語り、今ここにおける神との出会いの出来事が起こることに仕えようとする言葉を選ぶ。福田の説教の言葉は、その意味でも文学的である。イメージ豊かな言葉であり、信仰のこころを語る情熱のある言葉なのである。

枯れたる骨よ、主の言葉を聞け

大村　勇

フィリピの信徒への手紙　第二章一―一一節

遠藤周作は『死海のほとり』という小説の中で、「復活っていったい何だろう」という疑問を投げかけております。イースターを迎えまして、誰でもがこのような素朴な疑問を抱くことを、われわれめいめいが感じます。しかし遠藤氏は結局、この復活ということを、人間の「永遠の同伴者イエス」、そういう形でとらえていることはご承知のとおりです。イエス・キリストがすべての人間にとっての「永遠の同伴者」である。こういう信仰的なとらえ方、復活の理解、わたしはこのことをたいへん大切なことであると思うわけです。

今朝、わたしどもに与えられております聖書のテキストは、今読んでいただいたピリピ人への手紙の第二章でありますけれども、ここは特にイースターの朝の出来事には触れておりませんし、復活について特にとり上げているわけではありません。しかしここをよく読みますと、復活の主、「わたしは世の終りまで、いつもあなたがたと共にいるのである」（マタイ二八・二〇）、こう言われたイエス・キリストへの讃歌が鳴り響いている。このことをわたしどもは見逃すことができない。

この二章の五節を見ますとこう書かれています。「キリスト・イエスにあっていだいているのと同じ思いを、あなたがたの間でも互に生かしなさい」。キリスト者というのは、寝ても覚めても、イエス・キリストがわたしと共にいます、こういうことを深い信仰をもってとらえ、喜びと平安の内に生きていく。こういうことが、キリスト者のあり方であります。特にパウロがこの手紙を書いた時代の教会には、厳しい迫害、この世の悩みの中で、揺り動かされている信徒がいたようであります。その人たちに対して、キリスト・イエスにあって抱いている思い、キリストがわれらと共にいますという、この尽きない喜びの泉に深く根をおろして、互いの信仰を燃やし、一つになって生きていくように、そういうことを勧めているわけであります。このようにしてパウロは、この信徒たちの前に、キリストの生き方の一つの重大なイメージを描き出している。それが六節以下に記されているキリスト讃歌でございます。

この二章の六節から一一節までに記されている美しいキリスト讃歌、これはよくご承知のように、使徒パウロ自身の作ではないであろうと、一般に言われています。多分、当時の初代教会で非常に好んで歌われていたキリスト讃歌であると思われます。これを見ますとはっきりと二つの部分から成っている。前半は神の御子が栄光の身分をかなぐり捨て、上から下への運動と申しましょうか、徹底的に虚無と死の底にまでくだったキリストの謙虚ということが言われている。後半九節から一一節までは反対に、かかる最も低いところへくだりたもうたキリストを、神が高く引き上げ、そして、天上のもの、地上のもの、地下のもの、全宇宙を支配する支配者たちすべてが彼のもとに膝をかがめ、イエス・キリストは主なりと告白する、こういうことがテーマになっております。

まず、この六節に「キリストは、神のかたちであられたが、神と等しくあることを固守すべき事とは思わず」とあります。この言葉を、ベンゲルという古い註釈者は、「がむしゃらに獲物に飛びかかるようなことはなさらない」、こういうふうに訳しております。欲の深い人間の常として、何かうまいチャンスがあると、なりふりかまわず獲物に飛びかかる、あの猟犬のように、自分の求めるものに飛びついてそれを手に入れる。先般、石油危機を引き起こした企業のある一部の人たちが非難を受けましたように、本当に人間の根本悪とも言うべきものは、自分に利益となり、自分を喜ばせるものに向かって飛びついていく、獲物に飛びつく猟犬のような激しさをもって飛びついていく、これが偽らないわたしどもめいめいの奥底にひそんでいる罪の根ではないでしょうか。誰もこれを否定することはできないと言わざるを得ない。ところがイエス・キリストはそういうことをなさらない。これはそういうわれわれの悲しい深い悪を、根底から打ち砕くためであるということを申しております。

続いてキリストは「かえって、おのれをむなしうして僕のかたちをとり、人間の姿になられた」と書かれている。そしてしかも、十字架の死に至るまで神の御旨に従順であった。この十字架の死、イエスが最後まで下りていったところの十字架の死というのは、この前も学びましたように、見せしめのために奴隷を徹底的に苦しめる刑罰であります。このように十字架の死に至るまで神に従順であられたキリストご自身の姿勢というのは、神の子としての尊厳を自らかなぐり捨てただけではなく、人間としての尊厳さえも完全に放棄して、神の前に服従した姿勢、徹底的に自己のために生きない貧しさ、そういう、主の愛をわれわれに示していると言えます。

それゆえにこのキリスト讃歌においては、このキリストの従順に対する神の報いとして、報償として「神は彼を高く引き上げ」ということが言われております。この「高く引き上げ」という言葉は、パウロがよく復活のことを言うときの、「死人の中からよみがえり」という言い方とは確かに違います。したがって、このところで、「高く引き上げ」というのは、復活を意味しているのではないということを言っている学者もいるわけでありますけれども、しかし、われわれが聖書を読み、初代教会の信仰をよく探ってみるときに、またキリストが「三日目に死人のうちよりよみがへり、天に昇り、全能の父なる神の右に坐したまへり」というわれわれの信仰告白においてもそうですが、これは決して切り離すことのできない神さまの全能なる一つの御わざの現れであり、キリストの勝利、世界の支配者を言い表す信仰告白であることは明らかであります。したがって、この十字架の死に至るまで低くなられたキリストを天にまで高く引き上げたということは、明らかに、死人の中からのよみがえり、キリストの復活を意味することは明瞭です。かくして「高く引き上げられた」ということは、神さまだけがもちたもう世界支配の権能を、十字架において死にたもうたキリスト・イエスに与えたということであります。ベンゲルという人はこういう言い方をしているんですね。「キリストが自分を捨てたときに、キリストが自分をむなしくしたときに、神がキリストを高く上げた」。たいへん、印象的な言い方であります。キリストはご自身をむなしくして捨ててしまった。それを神が高く上げて、神ご自身の権能を委ねた。実にキリストの復活ということはこの神の大能のわざであり、世界の歴史の中に起こった決定的な出来事であるということ、決定的な人類と世界の救いの出来事であったということ、このことをわたしどもは、ここで認めなければならない。ですから一〇節、一一節に言われているように、「イエスの御名によって、天上のもの、地上のもの、地下のものなど、あらゆるものがひざをかがめる」。「ひざをかがめる」ということは、礼拝をするということであります。一切のもの、万物宇宙、全宇宙がキリストのもとに膝をかがめる、礼拝をする。そしてイエス・キリストは主であると告白する。この復活節、全世界で行われているイースターの礼拝というのは、「イエス・キリストが世界の主である」ということの告白が高らかに鳴り響いているところの礼拝でございます。

このようにキリストの復活を信じる信仰によってわたしどもが今ここに召し集められて、イースターの礼拝を守っているということは、キリストがよみがえりたもうた、このキリストの復活信仰をもういっぺん確認することであります。けれども、これはですね、ややもすれば誤解されるように、何かこう遠い過去のあの空虚な墓のところに起こった驚くべき奇跡的な出来事の物語を後生大事《ごしょうだいじ》に弁護したり、抱えていかなければならない、過去の出来事をただ大事にするというそういう後ろ向きのことではないのであります。そうではなく、われわれがキリストの復活を信じるということは、罪と死の支配の中にある、この現実の世界と人類、これを救うために、これを解放するために、神がわれわれの歴史の中で始められたことを、皆さんと共に承認し、この福音の真実に、堅く立つということです。このことはまた、この神の真実によって問いかけられて、われわれ自身が変えられていく、そういうことを意味する。イースターの、復活の信仰ということは、今のわたしどもがこの世界を救い解放する本当の希望の福音を受け入れて、われわれ自身が変えられていく、そういうことにほかならない。彼は十字架の死に至るまで従いたもうた。神の愛のゆえにおのれを低くした。このキリストご自身の御手が、人間のどんな絶望と地獄の底にも届く。それが真理であります。どのように捨てられた人にでも、「わたしはあなたがたを捨てて孤児とはしない」（ヨハネ一四・一八）とキリストは語られる。どんな一人の人間にもキリストは共にいたもう。どこにでもキリストの手は届くということであります。そのことはまた同時に、どんな人間の絶望的な罪や悩み、あるいは地獄の苦しみも、キリストを墓から高く引き上げた神の御手によって、勝利と希望の命に引き上げられる。われわれがその希望を与えられている。キリストがよみがえりたもうたということは、われわれがよみがえりであるということ、死から新しい命を与えられるという約束であること、その宣言であること、このことをわたくしどもは心にとめたいと思います。

イスラエルの民がバビロンに捕われた。あの都エルサレムがまったく踏みにじられて民族が滅亡した。バビロンに移された民らの独立は失われ、異境の中で信仰は揺さぶられ、世の力に押し流される。まさに崩壊と絶望の状況でありました。そのときに預言者エゼキエルは神に召されて、声を枯らして預言をしたのであります。当時の民たちが「われわれの骨は枯れ、われわれの望みは尽き、われわれは絶え果てる」。こういうふうに嘆き悲しんでいると、そのときにエゼキエルは何と言ったか。この死骨の民のような人々に向かって言いました。「枯れた骨よ、主の言葉を聞け」（エゼキエル書三七・四）。彼がそのような乾いた死骨が累々としている谷に向かって神の言葉を語ったときに、「彼らは生き、その足で立ち、はなはだ大いなる群衆となった」（三七・一〇）。エゼキエル書三七章にこの驚くべき幻が記されております。「枯れた骨よ、主の言葉を聞け」。今朝ここに集まっておられる皆さんの中に枯れた骨のような苦しみや絶望の中に落ち込んでいる人がいるでしょうか。そうであるならばまさにその人のためにこそ、主はよみがえりたもうたのであります。

わたしはある本の中で、一人の若者が激しい吹雪の中で遭難をした話を読んだことがあります。一メートル先も見えないような白一色の猛吹雪の中で、彼はやむなく雪の洞を掘ってしばらくをしのぎ、克明に記録をつけ、気力をふりしぼって進んでいくわけでありますけれども、とうとう力尽きて倒れてしまった。吹雪が止んで空が晴れたところ、彼の行く手の百メートル近いところに山小屋があった。彼の遺骸を運んだ救援の人たちは、「もうほんのちょっとのところだったがなあ」と悔んでも悔み切れず、残念がったという物語でありました。人間の生涯にはこういうような事件があるわけです。わたしどもの人生の中で本当に長い長いトンネルのような暗い時があるわけであります。けれどもどんなに長いトンネルであっても、やがてトンネルは抜けていく。信仰の忍耐という言葉がよく言われています。主は実によみがえりたもうた。イースターの訪れというのは、そのことを告げているのです。われわれが本当にこの信仰をもって耐え忍んでいくときに、本当にわれわれの救いの山小屋はそこにある。すぐその近くまで行きながら、そこで力尽きて倒れてしまうというようなことがあってよいのだろうか。

キリストは死人の中からよみがえって、世の終わりまであなたがた一人一人と共におられる。この隠れたキリストの支配、キリストの愛がわたしと共にある。この福音の真実にしっかり立ち、忍耐をもって生きるかどうか、このことが今日わたしどもに問われている。そしてこのことが問われるということは、同時に、わたしどもが本当にキリストに従って、おのれをむなしうして僕の形をとり、人となり、死に至るまで、十字架の死に至るまで神への従順の道を歩まれた、このイエスに従って、われわれも本当に生き始めることができるかどうかということが問われている。教会とキリスト者は、このイースターから新しく生き始め、新しく歩み始めるのであります。キリスト者は全世界の救いのためにつかわされて、イースターから第一歩を踏み始めるわけであります。

パウロはこのキリストの復活のことを語ったコリント人への第一の手紙の一五章の終わりのところで

「だから、愛する兄弟たちよ。堅く立って動かされず、いつも全力を注いで主のわざに励みなさい。主にあっては、あなたがたの労苦がむだになることはないと、あなたがたは知っているからである」と言っている。どうかご一同、この復活の主を信じ、主にあってはわれわれのどんな労苦もむなしくはないということ、このことを深く信じて、新しい一週間、新しい一年に立ち上がりたいと思います。祈ります。

「わたしは世の終りまで、いつもあなたがたと共にいる」と語りたもうた生ける主よ。今朝、あなたがわれらを愛し、わたしども一人一人の救いのために、わたしども一人一人の目の涙をことごとくぬぐい取るために、世に来り、十字架につき、三日目によみがえりたもうた、この福音を聞かせてくださいました。主は実によみがえりたもうた。ここから新しい世界が始まりました。教会はこの尊い福音の真理を委ねられていることを信じます。どうかわたしども今朝心を一つにして、もう一度この信仰を力強く告白し、神の栄光を讃美し、あなたに従って生き始めることができますようにお導きください。主イエス・キリストによってお願いいたします。

アーメン

（ピリピ書講解第五回　一九七四年四月一四日）

（『輝く明けの明星――大村勇説教集』日本基督教団阿佐ヶ谷教会、一九九一年所収）

大村《おおむら》　勇《いさむ》（一九〇一―一九九一）

大村勇は一九〇一年（明治三四年）一二月一日、山梨県東山梨郡八幡村（現山梨市）に生まれた。農家で養蚕を営み、豊かであったと言う。その頃、カナダメソヂスト宣教師団が、八幡村に隣接する日下部村に教会を建設（現日本基督教団日下部教会）、大村家も同教会の会員となっていた。勇も二歳で幼児洗礼を受けている。姉たちと日曜学校に通ったのである。信仰告白をいつしたのかは、よく分からない。

中学校卒業の頃、家も貧しくなっており、更に進学すべきか迷っていたところ、当時の牧師藤田正喜から青山学院神学部を薦められ、入学した。一九二一年である。新約学者の松本卓夫、日本宗教史の比屋根安定、旧約学者の渡辺善太などに学んだそうである。神学部を卒業したのは、一九二八年であった。七年在学にしたことになる。一度は中退までしたようである。大村は晩年、要するに〈召命感〉が明確でなかったので回り道をしてしまったのだと述懐している。

一九二八年、神学部卒業後、直ちに千葉での開拓伝道に赴いた。その頃結婚し、妻愛子と共に千葉に赴き、私立関東中学校で英語を教えながら、信徒が経営する幼稚園の園舎を借りて集会を行っている。千葉県下の信徒たちを糾合し、熱心に伝道した。驚くべきことに、二年後には既に教会堂を献げ、幼稚園を開設している。これが今日の日本基督教団千葉本町教会の始まりである。

三年を経たところで、在学中の成績がよかったのであろうか。青山学院の推薦でアメリカのボストン大学神学部で学ぶことになった。時間があればアルバイトをして学費を補いながら、一九三一年から三年間、「楽しく学んだ」そうである。大村は留学を回顧して、こんな風に語っている。「ボストンは……アカデミックな気風で、落ち着いた、勉強をするのに、最良の環境であった。私にとっては、第二の故郷となった。ボストン大学神学部は米国メソヂスト派の神学校で、有力な神学者や教会指導者が出ており、学風は自由な人格主義の伝統を誇っていた」（前掲『輝く明けの明星』所収「思い出の記」）。これは、大村牧師そのものをもよく語る文章である。ここで、その後の、この牧師の活動を支える基礎が築かれたと言えよう。

一九三四年九月、神学修士の学位を得て帰国、兼ねて青山学院が願っていたことであろうが、青山学院の神学部、中学部の講師となった。また松本教授が関わっていた阿佐ヶ谷教会の牧師となった。経緯はこうである。一九二四年、日本メソヂスト教会の第二代監督であった平岩愃保《よしやす》が阿佐ヶ谷小山の自宅（朝谷小山荘）に「エス教友団」の最初の集会を開いた。関東大震災のため一時中止していたキリスト教の講話を再開したのである。これが朝谷教会となる。一九三三年、平岩が死去。その後の指導者佐々木高明も翌一九三四年死去、教会は危機に陥った。しかし、祈禱会を再開することから再生し、二月教会創立一〇年を期に日本メソヂスト教会へ加入。教会名を「日本メソヂスト朝谷教会」とした。そこに大村が牧師として招かれたのである。翌一九三五年、阿佐ヶ谷教会と改称した。爾後、大村は終生、同教会牧師であり続け、有数の教会に育て上げたのである。

ただ就任後間もなく一九三七年、青山学院神学部部長に選ばれ、このとき、阿佐ヶ谷教会を離任している。しかし、一九四〇年には部長退任、阿佐ヶ谷教会に戻っている。そして「戦前の黄金時代」

と自分で呼んでいる信仰の盛んな時を過ごしている。中学生をはじめ青年たちがよく集まったようである。太平洋戦争中も青年たちはよく集まり、大村牧師は説教に集中して伝道した。阿佐ヶ谷教会で育った大宮溥が伝えるところによると（『日本の説教Ⅱ 7　大村勇』日本キリスト教団出版局、二〇〇五年、解説、二二〇ページ）、夕礼拝においてはローマの信徒への手紙を説いたが、この時はカール・バルトの『ロマ書』に学びながらであったと言う。一九四一年、日本基督教団に合同、興味のあることに、旧日本基督教会に学び、聖書的でもあるからと言って、メソヂスト教会では幹事会と呼んでいた教会の役員会を長老会と呼ぶようになった。

敗戦後、自由を得た日本基督教団が、しかし、戦争中の過ちを悔い改め大きな変革をすることもなく、執行部もそのままになりそうであったのを憂いた大村は阿佐ヶ谷教会に集まった有志とともに福音同志会を結成、委員長となり、書記となった鈴木正久などとともに臨時教団総会開催を求め、一九四六年に実現させた。一九五四年、教団は信仰告白を制定、一九六〇年代初めには伝道十ヶ年計画や宣教基本方策を策定するなど体制整備に努力した。この頃、大村は教団の総合伝道委員長などの要職にあって、これらのために努力し、特に一九六二年から六六年にかけて教団総会議長として先頭に立った。議長辞任後、日本キリスト教協議会議長に就任、カトリック教会と共同で、大阪万博にキリスト教館を建設、これがきっかけで教団紛争を体験することになり苦闘している。

英語に堪能であったこともあり、日本のプロテスタント教会と世界の諸教会との交流にも積極的に関わった。一九五二年のドイツにおける世界宣教会議に代表として出席している。一九六四年には東アジア・キリスト教協議会の副議長に選任されている。教団議長であったときにはヴェトナム戦争の中止を求めて、キリスト者緊急会議から平和特使団を派遣したとき、その団長を務めた。

大村は、敗戦後の日本のプロテスタント教会を代表する働きをしたひとであるが、何よりも自分が牧師であった阿佐ヶ谷教会のためにこころを注いだ。説教を、その働きの中核に置いたが、教会をいきいきと証しの生活に生きる信徒の共同体として育てようと牧会のために労苦した。メソヂスト教会の伝統である組会を組織し、三〇を超える組会を作り、毎月一回組長会を行い、聖書を共に学び、組長が指導して各組会で聖書を学んだ。知的であるとともに情熱的な牧師であり、また祈禱を重んじ、信仰の経験を大切にした。こうして最盛時、礼拝出席者ほぼ二八〇名に達する教会を形成したのである。

一九七五年、ほぼ四〇年の労苦を終え、阿佐ヶ谷教会を辞任したが、川崎市三田に移り、自宅を開放して伝道を始め、日本基督教団三田教会を設立している。一九八三年、浜松のエデンの園に移った。八五年、妻愛子が逝去。やがて脳梗塞で倒れ入院、一九九一年、八九歳で地上の生涯を終えている。一九七四年、教会創立五〇年を記念して『主を求めよそして生きよ』と題する説教集をキリスト新聞社から刊行、また死去直後、説教集『輝く明けの明星』を阿佐ヶ谷教会が刊行している（一九九一年）。それ以外に著書はない。

大村は基本的に連続講解説教をしている。しかし、聖書テキストに密着するような講解説教ではなく、かなり大きな区分のテキストを読み、その箇所が語る趣旨を主題化することが多い。そのためにひとつの聖書文書を説き終えるのが比較的早かったと伝えられる。

ここに紹介するのは、一九七四年四月の復活主日礼拝の説教である。既に七〇歳を超えている。習熟した説教の方法によるものである。フィリピの信徒への手紙を連続して説いている。その第五回目である。そしてたまたま復活主日に、第二章一節以下を説くことになったが、そのままにしている。説教の題は、しかし、おそらく一緒に読まれたであろうエゼキエル書第三七章に由来するものである。最初に遠藤周作の『死海のほとり』が、復活とは「永遠の同伴者」であるイエスの臨在を意味するという理解を肯定的に引用する。続いて、フィリピの信徒への手紙のテキスト、特に第二章六節以下には、当時の諸教会で共有されていた「キリスト賛歌」が引用されているであろうとする現代聖書学が提供する理解を積極的に支持する。このキリスト賛歌を理解する上で、ベンゲルの『グノーモン』を二度ほど引用する。これはひとつの聖書解釈の姿勢である。聖書学を専攻して学んできた大村であるが、ベンゲルの解釈をも重んじるのは、欧米に流れるひとつの伝統を継承しているし、大村の見識を示すと言うことができる。聖書テキストは、直接主の復活を語らないようであるが、キリスト賛歌の後半、高挙の事実を歌う部分は復活そのものに他ならないと説く。

ここで、この説教において大村が語りたいことの頂点に達する。説教の中心点において、今われわれが礼拝するのは復活信仰を確認することに他ならない、と言う。礼拝を重んじる姿勢がよく表れている。それは「過去の出来事をただ大事にするという」「後ろ向きのことではない」。「われわれがキリストの復活を信じるということは、罪と死の支配の中にある、この現実の世界と人類、これを救うために、これを解放するために、神がわれわれの歴史の中で始められたことを、皆さんと共に承認し、この福音の真実に、堅く立つということです。このことはまた、この神の真実によって問いかけられて、われわれ自身が変えられていく、そういうことを意味する」。これは大村牧師が常に説教の聴き手に語りかけていた福音の中核にある信仰である。「キリストは死人の中からよみがえって、世の終わりまであなたがた一人一人と共におられる。この隠れたキリストの支配、キリストの愛がわたしと共にある。この福音の真実にしっかり立ち、忍耐をもって生きるかどうか、このことが今日わたしどもに問われている」。それは、われわれがイエスに従って生き抜くことに他ならないのである。

キリスト復活の意義

村田四郎

ヨハネの黙示録　第一章一七―一八節

今朝は主の復活の聖日でありますが、思い出しますのは戦時中私は教団の信仰、思想方面の事に責任を持つ位置に居りました当時の事、その時に文部省のお役人が、何とかいう局長ですがキリスト教の復活信仰というような迷信は止めて了った方がよかろうと云ったのであります。これは随分乱暴な話ですがキリスト教のことを全然知らない人ですから無理もないと思うのですけども、もしそんなことを致しましたらば日本のキリスト教にとりまして非常に大きな一つの汚点でありましょう。文部省の言う通りのことを致しましたならばキリスト教はキリスト教でないと言われても仕方がない。当然私共はそんな無茶なことを言ったら駄目ですと申しましたんですが、大抵の人は何かキリストの復活っていうことはそんなことはあるだろうかというような事を考えるのじゃないでしょうか。皆さんどうお考えになりますか。そして復活という問題も何か自然の問題、科学的な問題のように考える。そういう風に考えては問題の捉え方が間違っとる。それでは聖書の復活という本当の意味は捉えることが出来ない。これは信仰の世界の事柄です。信仰というものは神がいまして神が世界を支配し給い、神の御旨によって事柄が進んでおるのだという自然の世界を超えた神をもとにして世界を考え、人間の生活というものを考えておる。それで信仰においては見ゆる世界、自然の世界の奥に本当の世界がある。こういう考え方を土台にしておるのです。そういう考え方を土台にして復活ということを考えていかないと文部省の役人の言うような何か迷信じゃないかという風なことになるのであります。これは信仰というものの本当の意味を知らないからそういう風になってくるので、自然の世界というものは、ほんの世界の限られた部分でありまして、その背後に奥に神の世界、創造者の世界がある。それが本当なんだ。そういう神の世界の上に私共がこうして乗っかっておると言っていいでしょう。しかしこれは歴史の中に起こった事柄ですから歴史というものがそこに関係を持ちます、当然。一体あの恐れおののいて隠れて逃げて行った弟子達がどうしてあんな盛んな巻き返しをやったのでしょうか。何故大胆に主イエスのことを宣べ伝え、そのためには命をかけた宣教に彼等は踏み出したのでしょうか。このことはどうしても恐れおののいて逃げ隠れておった弟子達に驚くべき命が働きかけた。驚くべき命が働きかけて彼等はこの小さい人間の命、自分達のこの命などはどうでもよい、そんなことは問題でなかった。たゞこの大いなる命の為に、自らを捧げるという事柄が起きてきた。そこで教会が始まった。教会の現実というものはこういう生ける命が働きかけてきてこそ今日あるんだということを、もし無視したならば教会の歴史というものは書けない。この教会があるということは十字架にかけられたあの主イエスの甦えりの命が働き給うということを考えなければ、教会ということは理解できないことになる。

そこで今朝のテキストに選びました「私は初めであり、終りであり、また生きている者である」とこうありますが、これは主イエス御自身の事であります。初めであり終りである。天地を貫き時間を貫くところの者である。生きてい給う者である。しかしその生きてい給う者が「私は死んだことはあるが」ということがあるということは、この初めであり終りである永遠の命そのものである者が死を経験したことがある。死を経験したということは、どういうことでしょうか。この永遠の命を生きる者が死を経験した。これは神が人間の罪とその結果から来る死の故に人間の滅びに対する神の深い係わり合いであります。神は創造し給うたこの人間というものをたゞ滅びの手に委ねて、たゞそこで人間が滅んで了うということでは、これは創造し給うその御心が成就しないのであります。どうしても人間というものは神の命にあずかって生きて行く、命を全うするというところに人間の生きる意味があるのです。しかし人間はその罪の故に死を刈り取った。滅ぶる者になった。私共はお互いの自分の死という問題ですね。死という問題をそういう角度から考えていかなくてはならない。死というものがたゞ自然的にこうして起こって自然的に過ぎてゆくというのは、それは動物です。神の子供として期待し給う命というものはたゞ自然物ではない。これは真の命を得てその真の命に深く入っていくことこそ人間の命ということの本当の意味なんです。ところが現実は罪の故に神に叛く。その罪の故に人間は滅んでゆかなくてはならない。滅びの姿というものは私共こうして毎日の生活の中でも滅びの姿をお互いに持っておるでしょう。一番滅びの姿を見ようとするならば、皆様「天国と地獄」という黒沢の映画をごらんになりましたか。その映画にそこの黄金町で麻薬患者が死んでゆく姿をとっております。何とも云えない凄惨な姿で麻薬患者が滅んでゆくあの姿。或いは肉だけでは生きておるけども精神は死んである人。神はこういう人間の滅びを欲し給わない。そこでカール・バルトという神学者は人間の罪というものはこれは突発事故なんだと、神の元来の思召しじゃないんだと。この突発事故を神は突発的なことで元に返そうとなし給う。それが神の御子の、人となって来給うた意味であり、神の御子が人間の罪を自ら負うて十字架にかかり給うた十字架の意味であり、更にその人間のマイナスを、罪と滅びというマイナスを変えて真実の命、永遠の命に巻き返し給う神の救いの御業が復活という事柄に於て語られておるのであります。十字架に於て私共の古い人がそこで終りを告げる。復活に於て新しい人がそこから始まる。主は古い衣に新しい布をつぐ事は出来ないとおっしゃった。それはそうでしょう。我々の古い人が十字架にかけられ十字架に死に切って新しい神の生命、永遠の生命が主の復活に於て始まる。これが教会の現実です。教会というものはそういうものなんです。教会という所はたゞいい所、いい気持の所という風なそんな感傷的なものではなくて、人間の古い生命がそこで終わって新なる命が始まると、こういう場所なんです。ヘブル書二章一四・一五をごらん下さい。「それは、死の力を持つ者、すなわち悪魔を、ご自分の死によって滅ぼし、死の恐怖のために一生涯、奴隷となっていた者たちを、解き放つためである」。神の御子がこの人間の場所に、この罪の中にこの死の中にお出でになった。そして人間の罪を自らのものとし、我らの一切を神の御子が負い給うた。彼は神の前に自らの尊さ、その権利を主張し給わないで、無我、我をなくし給うた。一切神の前にへり下り、御言葉に従い給うた。これは別の言葉で云えば十字架の死であります。その十字架の死に於て古い罪の人間、悪魔に支配されとる人間がそこで終わりを告げておる。徹底的に神はそれを審き、そしてキリストのあの全き服従によって神の御心がそこに成就されておる。こういう神の御子の自らを捨て給うこの無我、全く神に従い給うこの私なき思いを神はどういう風にお取り扱いになるでしょうか。そういう神の御子を神は滅びのまゝにしておき給うでしょうか。神はそういう神でしょうか。常識で考えてもそんなことはあるまいと思うでしょう。ルカ伝一五章にあります放蕩息子が自分の父から離れておるあさましい姿、この世の罪の中に曝され、冷たい風に吹き曝されておる事を自覚して悔い改めて父の許に帰った。そしてへり下って「私はもうあなたの子供というにふさわしくありません。僕のようにして使って下さい」と云って帰ってきた。キリストの十字架というのは丁度人間の罪、破れ、人間の凡ゆる悲しみ、痛み、それを神の御子が我々に代って負うて神の御前に出て、まことにすまない事です、どうぞお許し願いたいと、こういう執りなしの祈りをもって十字架の上から神に叫んでおられる。父なる神に叫んでおられる。放蕩息子の父はその子供が帰った時に、どうしたかというと、心砕けて悔い改めて帰ってきた息子に父は先ず彼を抱いて口づけし、そして最上の物を彼に与えたとルカ一五章二〇―二三に書いてあるでしょう。今、全くへり下りをもって人間の罪を我が罪とし、人間の死を我が死として神の前に執りなし贖う。そのキリストを父なる神はそのまゝ見捨て給うでしょうか。どうぞ彼等を許して下さいと祈られる御子をそのまゝ滅びの中に見捨て給う神でしょうか。もしそうであったら私は神を信じません。そんなことのあるべき筈はない。そこで復活という事柄が起こるのが当然です。ピリピ二章六―八をごらん下さい。これは主の十字架の生涯でしょう。そこで九節に「それゆえに、神は彼を高く引き上げ、すべての名にまさる名を彼に賜わった」と書いてある。この神の御子の全き従順、負いがたき罪の重荷を自ら負い、生命の君であり乍ら死を自らのものとして十字架に死に給うた。そのキリスト、神の御子。真の命の神はこの主の全きへり下り、全てを神に委ね給う無我、全てを捨て給うたその信仰、神はこれをそのまゝに捨ておき給わない。そこで甦えりの朝が来たのであります。

神の御子に真の命の復活を与え給うた。しかしこの復活が与えられたということ、神がこの十字架にかかり給う、陰府の世界に迄入り来給うたキリストに甦えりの命を与え給うたということは、神の御子御自身のためではないのであります。私共の為なんです。私も亦、この復活によりまして神様の前に神の子の命を持つ者として立たしめられる。コリント第二、五章二一「神はわたしたちの罪のために、罪を知らないかたを罪とされた。それは、わたしたちが、彼にあって神の義となるためなのである」。罪を知らない方、キリストのことですね。私共の罪を神の御子が負い給うた。主が十字架に死に、甦えり給うたその事を通して私共は神の前に立つことが出来る。義とされる、救われるということのもとがそこにあるのであります。そこで最後に申し上げたいことはこの十字架の死とキリストの甦えりとは離すことの出来ない救いの土台となる事柄でありますが、この事柄が私共自らの毎日でなくてはならない。私共はキリストのあの十字架に死に、あの甦えりに生かされる。そういう生活が私共の毎日の生活でなくてはならない。キリストを信じた者は古い着物を脱いだ。古いこの自然のそしてそこには不安と動揺と悲しみと死とを持っております、古い人間、その古い人間を古着の如く脱ぎ捨てた。そして新しい着物、甦えりのあの命の着物をまとうた。お互いがその古い着物をいつまでも引きずっていてはいけない。脱ぎ捨てゝしまわなければならない。そして新しい命なるキリストを着なければならない。それがガラテヤ書に云われております「我、生けるにあらず、キリスト我にありて生くるなり」という言葉の意味です。永遠の命というのは何も死んでから先に始まるのではない。我々がキリストを信じて古いこの自然の様々の人間の欲に、この自我に支配されるところの人間がそこで終わりをつげる。そこで十字架にかけられて新しいキリストにあるところの命が我々の中に始まってくる。それが永遠の命の始まりなんです。でありますから我々クリスチャンにとりましては、肉体の死ということは問題じゃない。もうその肉体の死を超えて私共は真の命の中に歩んでおる我々だということを忘れてはならない。肉体というものは時がたっていけば古びてゆきます。しかし問題は今、そういう所にあるのじゃない。私共がこの甦えりの命をしっかりと捕えてその命の中に歩いたかどうか、このことが信仰の根本問題です。私は禅宗というのはキリスト教の真理を相当よく云い表わすものがあると思うのですけれど、ある禅師がこういう歌を詠んでおります。「生きながら死人となりてなり果てゝ、思いのまゝにするわざぞよき」信仰者であるならばこの歌の意味は分かると思います。私共のあの古き自然の自分、我というものを中心にしてその為にあるいは悩み、あるいは不安を持ち、あるいは動揺し、あるいは孤独を感ずるその古き我が、生き乍ら死人となりてなり果てゝ、そこから新しい命が展開してくる。コリント第二、四章七—一〇をごらん下さい。パウロはここで凡ゆる患難、途方にくれるようなこと、あるいは迫害にあって見捨てられるようなこと、倒されるようなこと、滅びるようなこと、そんな事、何とも思わない。何故ならば死に切っておるから。この世の中で迫ってくる事柄に彼は死んでおる。イエスの死を身に負うている。そのことを通してイエスの命、甦えりの命が彼の身に現われる。これが信仰生活でしょう。どうかお互いに信仰生活をするということは十字架の死と共に古い自分がピリオドを打って了った、もう死んで了っておる。肉体の死だとか何だとかいうことはもう根本問題じゃない。イエスの生命に生かされる。イエスの生命に生かされることこそ我々の根本問題です。そういう信仰生活をしましょう。それで本当の信仰生活になります。

（一九六三年四月一四日）

（『ともに在すキリスト　村田四郎説教集――ヨハネによる福音書を中心に』
横浜指路教会創立百周年記念委員会、一九七二年所収）

村田四郎《むらたしろう》（一八八七―一九七一）

村田四郎は一八八七年（明治二〇年）、山口県吉敷郡山口町（現山口市）に、毛利家の下級武士の家柄の村田家に四男として生まれた。父村田沾治は何を家業としていたかは定かではないが、武士道を重んじたひとで、毎日、四人の息子を並べて座らせ、四書五経、日本外史などを教えた。また剣道まで教えた。こうした武士としての教養の教育は、四郎に深く根付き、伝道の武士という風格があった。また終生日本の古典に親しみ、あるいは夫婦揃って歌舞伎座に出かけ、明治のひとらしい日本的教養のひとであった。

母カメは、四郎が五歳のときに死去している。母の死が「母なる教会」への思慕となり、教会に導かれる契機となったそうである。山口日本基督教会に導かれたのである。山口にはのちの梅光女学院となった光城女学院というミッションスクールがあり、その教師であったアメリカ青年ゴルボルドの感化も大きかったと言う。若者が多く集まったようである。礼拝出席も百名ほどであり、地方の有力な教会となっていた。一九〇四年七月、山本秀煌牧師から洗礼を受けた。「特に深い罪意識によって悔改めに入ったというよりも、キリストへの慕い心と、自らを神にささげたいとの祈りが受洗を決意せしめた」と村田は回顧している。

父は四郎を軍人にしたかったが、四郎自身は伝道者として中国大陸に行きたいと願い、父と厳しい対立になったが、遂に父が折れ、一九〇六年春、明治学院神学部に入学した。アメリカ神学に飽き足らず、ドイツ神学に関心を持ち始める。それもまず自由主義神学の影響から始まった。卒業の頃にはハルナックの教理史の英訳を読み、また『基督教の本質』を読み耽っている。神学、信仰に関わる基本問題については、しばしば「富士見町の講壇」から教えを受けたと特記している。植村正久から個人的な指導を受けることは控えたものの、その説教によって指針を得たのであろう。説教学を教えたのは井深梶之助である。

当時は卒業するとすぐに按手を受けることができ、牧師として桐生教会に赴いた。しかし、世間を知り尽くした実際人のなかに飛び込み、説教に苦労した。思い余って井深に訴え、留学を奨められ、教会父の助けを得て、一九一二年、ニューヨーク州のオーバン神学校で三年の間学ぶことになった。教会史のニコルス教授にアウグスティーヌスや一六世紀の改革者たちの歴史を学び、特に新約学のリグス教授のもとでは最後の一年、親しく指導を受けて、新約聖書の終末論研究に励んだ。説教学を学んだのはアーサー・ホイトである。ホイトは社会学と説教学の教授であり、一九〇五年に既にその『説教学』の初版を出している。この書物を用いながらの授業を受け、更に説教の指導を受けたようである。ホイトは厳密な講解説教を教えてはいない。聖書テキストを説くことを基本とするが、聖書のメッセージを教理的、倫理的な論理によって体系を整え、説得的に説いていく説教を理想として教えている。しかもそれは時代の状況に対する豊かな感覚を持つ言葉でなければならなかった。当時のアメリカの多くの説教のなかでも堅実なタイプのものを教えたものであろう。

留学中に読んだ書物の中にトマス・ア・ケンピスの『キリストに倣いて』を挙げていることに心を惹かれる。これは日本から持参したものである。これを座右の書とし続けたと言う。ここでも自分の生活を問い続けた姿勢がよく読み取れる。あの頃の日本基督教会の牧師たちのなかに、生活実践に対する関心が深かったことは、帰国後の一九二一年、遂に同志一四名の牧師が会合し、イエスの友会を結成し、カトリックの修道会を模範として信仰の実践に生きようとしたことにも明らかである。村田はその中心人物のひとりであった。その仲間に賀川豊彦がおり、村田はこれを支えた。ちなみに私がその後任となった鎌倉雪ノ下教会の松尾造酒蔵《みきぞう》牧師も、その同志のひとりであり、終生、福祉と教育に心を注いだのである。

一九一五年、帰国後二年、大阪の同志神学館で教えていたが、やがて明治学院教会が設立されることになり、その牧師として招聘を受けたのが一九一八年であった。やがて中学部長となる。しかし、教師として失敗し、故郷における三か月の休養を強いられ、明治学院を辞し、朝鮮大邱教会牧師として赴任したのが一九二〇年であった。ようやく静かな時を得て最初の書物を著した。中山昌樹の斡旋で神田洛陽堂から刊行した『ルカ伝講解』である。

一九二二年、熊本日本基督教会牧師となった。しかし、三年後、一九二五年、村田は明治学院に呼び戻された。神学部の基督教史、新約学の教授となった。やがて説教演習の教師にもなっている。同神学部が東京神学社と合同して日本神学校になったのは一九三〇年である。一九三三年に村田は校長となった。村田は、弁証法神学が日本の神学者に大きな影響を与え始めたことを評価している。しかし、村田自身は弁証法神学が聖書の歴史的研究を軽視していると考え、それには不満であった。それだけにディベリウスやブルトマンの様式史的研究には積極的関心を抱いた。日本基督教団の成立に伴い関係神学校の統合が進められ、日本神学校も日本東部神学校となり、村田はそのまま校長の位置に留まった。一九四四年、教団教学局長となり、校長を辞任した。

校長時代、村田はしばしば無牧の教会を助けた。特に青山教会において、一九三九年から四三年まで牧師としての務めを果たした。太平洋戦争が始まり、厳しい状況になった。当時、青年として指導を受けたある高齢者が村田牧師の思い出を語り、国家が要求した礼拝における国民儀礼も、皇居遥拝などはせず、戦没兵士のための黙禱だけをしたと語ったのを聞いたことがある。そして説教ではしばしば初代教会の皇帝礼拝との戦いを語ったそうである。ついでに言えば、神学校でも天皇・皇后の写真、いわゆる御真影を掲げることを求められたが、その費用がないと言って断っている。ささやかな抵抗であった。

この国家との戦いにおいて、日本基督教団教学局長として、富田満統理と共に文部省教学局長と折衝し、信仰問答を変更して、天皇を神に勝るものとし、キリストの復活の教理を抹消することを求められても応じず、遂に殉教かと覚悟したという話はよく知られている。キリスト者をすべて抹殺する意図まで軍部にあったと言われている。自分としてはできるだけ国家とは争わず、キリシタンの悲劇だけは避けたかったと村田は述べている。

敗戦後、一九四六年春に若者たちと共に国立で開拓伝道をはじめ、同年一二月には国立教会設立、その最初の牧師となった。続いて牧師兼任のまま、一九四八年、明治学院院長に就任し、やがて大学学長をも兼任、戦後の学院再建に当たった。一九五一年、更に横浜指路教会に関わるようになった。主任牧師が多くの信徒を率いて日本キリスト教会に移ったために困難に陥った同教会を助けることになったのである。長い歴史を生きてきた指路教会が老樹が倒れるように倒れ掛かったのを助けざるを得なくなったと言う。一九五三年、遂に指路教会牧師となった。これが最後の任地となり、一九六七年までの一四年間在職し、指路教会を立ち直らせた。その途中、一九五六年、狭心症で倒れ、それを機に明治学院院長・大学学長の職を退いている。その後も心臓病のために療養を必要としたが、一九七一年脳溢血で逝去した。八三歳であった。

横浜指路教会は、村田牧師を迎えて危機を脱し、分裂以前の教勢をたちまち回復し、更に伝道は目覚ましく進展した。その原動力は何と言っても村田牧師の説教にあった。多くの職務を負い、東京神学大学でも講師として授業を続けた。その村田にとって有能で誠実な副牧師たちの助力が大きかった。日曜の朝の礼拝の説教は村田が担当し、副牧師が夕礼拝や聖書研究を村田と交替で担当した。厳密な講解説教をすることがなかった村田はしばしば夕礼拝で聖書講解を行い、他教会員の出席も多かったと聞いている。副牧師が夕礼拝を担当すると、村田は水曜日の聖書研究を担当することもあった。また牧師館でカルヴィン研究会を開催したりした。教会は何よりも村田の説教を高く評価し、自分たちで筆記した二、三篇を収めた説教パンフレットを九巻まで刊行した。更に説教集を二冊、『ともに在すキリスト』（一九七二年）、『村田四郎説教集』（一九九三年）を刊行し、またヨハネによる福音書講解に説教八篇を付した『村田四郎著作集』第三巻を刊行している。

村田牧師は、熊本教会在任の頃はかなり丁寧な原稿を書いているが、晩年は簡潔なメモを手にして自由に語ったと思われる。しかし、説教の性格は終始変わることはなかった。聖書的・伝道的な主題説教であり続けたのである。

ここに紹介する説教は、一九六三年四月一四日、横浜指路教会の復活主日礼拝で語られた説教である。読まれた聖書テキストは、ヨハネの黙示録第一章一七節、一八節である。没後、録音テープから書き起こされたものである。説教者自身の修正はされていないが、実際に語られた口調が残っている。

説教は、戦時中、文部省の役人に、信仰箇条から復活の迷信を排除せよと求められ、それを拒否したことから始まる。しかし、村田は、そこで国家権力を批判したり、その迫害そのものを語りはしない。ただ復活に生きることができないのは「自然の世界」をしか知らないからであるという。「神の世界」を知らないからである。多くの復活の説教と同じ弁証の姿勢がはっきり出てくる。そこで説教者が「選んだ」テキストはこれだ、と言って語り継ぐ。「与えられたテキスト」ではないのである。復活の出来事を語る聖書ではなく、黙示録第一章の言葉が読まれる。「わたしは初めであり、終りであり、また生きている者である」。

そのいのちの主が「私は死んだ者であるが」と語られたことに注目する。言ってみれば、この主の言葉を語る即テキスト説教（聖句説教）である。出典である黙示録には一言も言及しない。こうしてキリストの十字架と復活の出来事について語り始める。そこで罪をも語る。その関連でカール・バルトが罪を突発事故だと言ったと語る。おそらく原語のドイツ語は出来事を意味するゲシェーエンであろう。英訳すればハプニングと言える。この英語なら突発事故と更に訳せる。英語でバルトを学んだのであろう。しかし、バルトよりもヘブライ人への手紙第二章をはじめいくつもの聖書の言葉を重ねて語る。そして最後に、再び来られる主を待とうと呼びかけて終わる。聴く者も既に何度も聞いたみ言葉が、敬愛する牧師の口から溢れてくるのを喜んで聴いたであろう。村田牧師は説教者らしい朗々たる音声のひとであった。

あとがき

もう二年近く前のことでしょうか。この企画が机上に乗ったのは。日本の説教の歴史において、主イエスの誕生、死、復活を語る説教の選集を作ろうというのです。日本伝道の危機を自覚するとき、先達の説教者たちが、この福音の急所にある救いの出来事を、どのように語ってきたか、その言葉を聴き直そうということになったのです。今改めて福音の中核を語る言葉を、私どもの先達がどのように語ってきたかを聴き直し、私ども自身が新しい思いで福音の原点に立とうと思いました。そして、先達の言葉を受け継ぎつつ、私ども自身の言葉を与えられることを熱望しようというのです。そこで十字架と復活の説教を、私が、待降と降誕の説教を、平野克己牧師が担当して、新しく編集をし、解説を付して、それぞれ一冊ずつを刊行することにしたのです。

じっくりと何冊もの説教を読み直しました。私からすれば遠い時代に語り続けた説教者たちもあれば、実際に、その声を聴いたひとたちもあり、親しく何度も語り合った先輩もあり、同僚もありました。説教を選び終えると解説を書くためにその生涯を辿り直し、説教者としての労苦に思いをいたしました。楽しくもあり、懐かしくもありました。しかし、何よりも、その時代に生きる同胞に語りかける説教者の声を耳に聴く思いで読み、解説を書きました。一緒になって新しく語り直すような思いにもなり、こころを燃やしました。

目標としていた一五篇の説教を選び、並べてみて気づきました。十字架の説教と復活の説教を同数選ぶつもりでしたが、私のこころの赴くままに選びましたら、ご受難の説教が四篇、復活の説教一一篇となりました。あまりにアンバランスになり、選び直そうと思いました。しかし、考えてみると、このようにアンバランスになったのには理由があると思いました。読んでいただくとすぐお分かりになると思います。主のご受難を語る説教には、語られている説教のすべての言葉に一種の一貫性があります。三人の説教者が旧日本基督教会の牧師であることにも理由があるのかもしれませんが、メソジスト系と言える神学者も含めて、日本で語られてきた十字架の神学、その言葉に、鋭く、しっかりした一貫性があると思いました。これは改めて私どもが学び直してよい遺産だと思います。それに対して復活の説教には多様性があります。ひとつの例は海老名彈正の説教です。これでもキリスト教会の説教であったのか、と批判的に読む方もあるでしょう。村田四郎牧師が語っているように太平洋戦争中の日本政府の権力は、私どもの信条から復活の項目を消すことを求めたのです。説教を聴く人びとの大きな躓きとなりました。そこで私どもの先達は、一所懸命に復活の出来事の真実を弁証しました。甦りの主が自分にも会ってくださった出来事を語りました。それぞれの存在から生まれる証言を語りました。当然そこに生まれる言葉は多様なものになります。それぞれの説教者の固有な言葉になります。そう思って読むと、この多様な言葉の豊かさにこころを打たれます。

今回も出版局の方たち、特に土肥研一さんにお世話になりました。高齢のためもあり、ご迷惑をかけることもありましたが、面倒がらず、とても丁寧な仕事をし、助けてくださいました。特記してお礼を申します。

二〇一八年二月　　国分寺市戸倉の地で

加藤常昭

加藤常昭（かとう　つねあき）

1929年、旧満州ハルピンに生まれる。東京高等師範学校付属中学、旧制第一高等学校、東京大学文学部哲学科、東京神学大学博士課程前期課程修了。
日本基督教団若草教会、牛込払方町教会、鎌倉雪ノ下教会にて主任担任教師。現在、同教団隠退教師。牧会の傍ら、東京神学大学で実践神学を教え、再三、ドイツに研究滞在、ハイデルベルク大学客員教授（1986-87）、国際説教学会会長（1995-97）。現在、説教塾主宰として、説教者の研修指導に励んでいる。

日本の説教者たちの言葉

わが神、わが神　受難と復活の説教

2018年2月10日　初版発行
2018年4月1日　再版発行

編　者　　加藤常昭
発　行　　日本キリスト教団出版局
169-0051
東京都新宿区西早稲田2丁目3の18
電話・営業：03（3204）0422
　　　編集：03（3204）0424
http://bp-uccj.jp

印刷・製本　河北印刷

ISBN978-4-8184-0996-5　C0016　日キ販
Printed in Japan